System Center 2012 R2 Operations Manager

Installation, Einrichtung, Betrieb, Praxis

Vorwort

In diesem kleinen Buch zeige ich Ihnen erste Schritte mit System Center Operations Manager 2012 R2. Das Buch kann und soll kein umfassendes Handbuch zu SCOM sein, sondern Ihnen einen Einblick in Installation und Verwendung geben. Basis dieses Buches ist mein Videotraining bei Video2brain. In diesem sehen Sie weitere Vorgehensweisen mit SCOM, und wie Sie den Server bedienen.

Sie lernen in diesem Buch, wie Sie mit System Center 2012 R2 Operations Manager (SCOM) Ihre Server und Serverdienste im Netzwerk und der Cloud effizient überwachen, Fehler finden und Probleme oder Abstürze beheben. Ich zeige Ihnen, wie Sie professionell Management Packs einbinden, Serverdienste an SCOM anbinden und optimal überwachen.

Hierzu habe ich für Sie die verschiedenen Möglichkeiten von SCOM 2012 R2 zusammengestellt. Sie lernen zum Beispiel, wie Sie SCOM 2012 R2 problemlos installieren und einrichten, Microsoft SQL Server verwenden und auch überwachen, Exchange 2013 im Netzwerk überwachen oder Office 365 und Microsoft Azure anbinden. Auch verschiedene Tipps und Techniken zur Verwaltung zeige ich Ihnen in den verschiedenen Abschnitten. Sie sehen auch Anleitungen wie Sie Fehler beheben, Zusatzwerkzeuge nutzen, und wie SCOM in den Grundlagen funktioniert.

Freuen Sie sich darauf, Ihre Computer und Server mit SCOM zu verwalten und das Netzwerk schnell und einfach überwachen. Ich wünsche Ihnen viel Spaß mit meinem Buch zu System Center 2012 R2 Operations Manager.

Auf meinem Blog finden Sie zahlreiche Links zu weiteren Artikeln, Büchern und Videotrainings. Viele stehen kostenlos zur Verfügung, andere kosten etwas Geld. Alle haben aber eines gemeinsam: Sie lohnen sich und wurden von einem Praktiker für Praktiker erstellt:

http://thomasjoos.wordpress.com

Ihr Thomas Joos

Bad Wimpfen, im Juni 2015

System Center 2012 R2 im Überblick

Da System Center mittlerweile sehr mächtig ist, setzen das System auch immer mehr Service-Provider und Cloudanbieter zur Verwaltung Ihrer Hard- und Software ein. Die aktuelle Version ist umfassend mandantenfähig. In diesem Zusammenhang hat Microsoft auch die Delegierung von Rechten in den System Center-Produkten verbessert und erleichtert. Administratoren können jetzt effizienter einzelne Rollen an untergeordnete Administratoren verteilen. Diese Rechte lassen sich direkt in der entsprechenden Privat Cloud anlegen. Es ist nicht mehr notwendig in jeder betriebenen Cloud getrennte Benutzerkonten mit den zugewiesenen Rechten zuzuweisen.

Außerdem arbeitet System Center sehr eng mit den Clouddiensten in Microsoft Azure zusammen. Es lassen sich nicht nur virtuelle Computer auf Basis von Azure Virtual Machines in System Center Virtual Machine Manager 2012 R2 erstellen und anbinden, sondern auch die anderen Clouddienste wie Azure Active Directory und Azure Online Backup arbeiten eng mit Windows Server 2012 R2 und System Center 2012 R2 zusammen.

Eines der wichtigsten Werkzeuge in System Center 2012 R2 ist System Center Virtual Machine Manager 2012 R2. Die neue Version erlaubt die zentrale Verwaltung der verschiedenen Virtualisierungssysteme im Netzwerk. Vor allem die Neuerungen in Hyper-V 2012 R2 unterstützt die neue Version des SCVMM. Administratoren können mit der neuen Version virtuelle Festplatten auf Basis von VHDX mehreren virtuellen Servern gleichzeitig zuweisen und zentral verwalten. Außerdem lassen sich virtuelle Server auf Basis von Windows Server 2012 R2 im laufenden Betrieb über SCVMM 2012 R2 exportieren. Auf diesem Weg können Administratoren virtuelle Server mit dem SCVMM 2012 R2 im laufenden Betrieb klonen. Ebenfalls möglich ist die Anpassung des dynamischen Arbeitsspeichers im laufenden Betrieb.

Auch die iSCSI-Ziele in Windows Server 2012 R2 bauen jetzt auf VHDX-Dateien auf. Diese verwalten Administratoren umfassend in System Center 2012 R2 und dem SCVMM. Mit Livemigration lassen sich virtuelle Computer über SCVMM zwischen Hyper-V-Hosts bei einem Ausfall von Clusterknoten verschieben. In Windows Server 2012 R2 hat Microsoft dazu den Datenverkehr durch Komprimierung deutlich reduziert, die Verwendung von SCVMM 2012 R2 und Windows Server 2012 R2 ist daher auch für die Verwendung in extrem schnellen Netzwerken mit bis zu 10 GBit/s optimiert.

SCVMM 2012 R2 unterstützt die neuen Generation 2-VMs in Windows Server 2012 R2. Diese bieten, neben der Möglichkeit UEFI-Systeme zu booten, auch die Möglichkeit den Speicherdurchsatz von virtuellen Servern zentral zu steuern. Diese Systeme arbeiten nicht mehr mit emulierter Hardware und unterstützen als Gastsystem nur Windows Server 2012/2012 R2 und Windows 8 x64/8.1 x64. Unternehmen die Hyper-V-Replica nutzen, also die Replikation von virtuellen Servern zwischen Hyper-V-Hosts ohne Cluster, können mit SCVMM 2012 R2 jetzt drei Hyper-V-Hosts anbinden. In Vorgängerversionen waren hier nur 2 Knoten möglich.

Die einzelnen System Center-Produkte arbeiten jetzt wesentlich enger zusammen. Vor allem Virtual Machine Manager und Operations Manager (SCOM) integrieren sich besser und verwenden gemeinsame Management Packs sowie eine gemeinsame Basis. Die Fabric in System Center Virtual Machine Manager 2012 R2 lässt sich umfassend in SCOM 2012 R2 überwachen. Auch die neuen Windows Server 2012/2012 R2-Dienste, wie der IP-Adressenverwaltungs-Server (IPAM) lässt sich mit System Center 2012 R2 verwalten und mit SCOM 2012 R2 zentral überwachen.

Linux lässt sich als virtuelle Server besser betreiben und auch mit Dynamic Memory nutzen, wenn Unternehmen auf Windows Server 2012 R2 und System Center 2012 R2 setzen. Über diesen Weg können Unternehmen auch Vorlagen für virtuelle Server auf Basis von SCVMM erstellen und zuweisen. Außerdem verwalten Administratoren in SCVMM zentral die neuen Fileserver-Funktionen von Windows Server 2012 und Windows Server 2012 R2, vor allem im Bereich Clustering. Auf diesem Weg lassen sich ausfallsichere und transparente Failover von Speichersystemen erreichen. In diesem Zusammenhang lassen sich mit der neuen Version Cluster und Fileserver erstellen, betreiben, aber auch überwachen.

Mit System Center 2012 R2 geht Microsoft einen weiteren Schritt Richtung Cloud. Unternehmen, die auf Windows Server 2012 R2 setzen und auf Basis von Hyper-V virtualisieren wollen, erhalten mit System Center 2012 R2 eine mächtige Sammlung zur Verwaltung des eigenen Netzwerkes. Auch die Zusammenarbeit mit den verschiedenen Windows Azure-Diensten spielt eine wichtige Rolle beim Einsatz des System Centers. Durch die noch bessere Unterstützung von Linux, bietet sich System Center auch dann an, wenn Linux-Server im Einsatz sind. Allerdings muss auch klar sein, dass sich die Produkte in System Center 2012 R2 vor allem auf die neuen Microsoft-Produkte und deren Funktionen stützen.

SQL-Server für SCOM 2012 R2 vorbereiten

Damit Sie SCOM 2012 R2 im Netzwerk installieren können, müssen Sie zunächst einen Datenbankserver mit SQL Server 2012/2014 installieren. Wichtig ist bei dieser Installation, dass die Serversortierung für den Server korrekt konfiguriert ist. Stimmt diese nicht mit dem Wert überein, den SCOM voraussetzt, erhalten Sie bei der SCOM-Installation einen Fehler.

Es bietet sich also an, vor der Installation von SCOM, im SQL Server Management Studio die Eigenschaften des Servers aufzurufen. Auf der Registerkarte *Allgemein* überprüfen Sie den Wert Serversortierung. In den meisten Fällen ist dieser auf *Latin1_General_CI_AS* gesetzt. Mit diesem Wert können Sie keine SCOM-Datenbanken betreiben. Entweder ändern Sie die Serversortierung, oder installieren eine neue Instanz des Servers, speziell für SCOM. Das Abändern ist beim Einsatz produktiver Server nicht unbedingt zu empfehlen. Hier bietet sich die Installation einer eigenen Instanz an. Sie haben die Möglichkeit die Serversortierung bei der Installation durchzuführen oder nachträglich zu ändern.

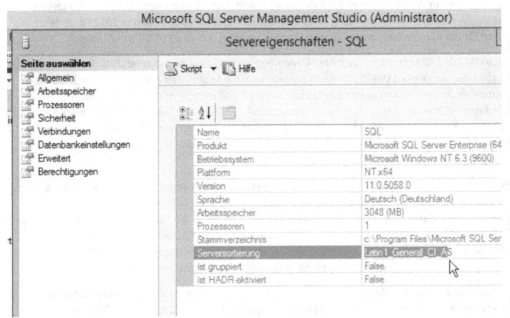

Die Serversortierung ändern Sie am besten direkt in der Befehlszeile ab. Dazu wechseln Sie in das Verzeichnis mit den Installationsdateien von SQL Server 2012. Danach rufen Sie das

Installationsprogramm so auf, dass die Serversortierung geändert wird. Der Befehl ist in der nächsten Abbildung zu sehen. Sie müssen die Serversortierung: *SQL_Latin1_General_CP1_CI_AS* verwenden Diese Sortierung ist auch mit allen anderen Produkten in System Center 2012 R2 kompatibel. Die Syntax des Befehls ist:

Setup /QUIET /ACTION=REBUILDDATABASE /INSTANCENAME=<Name der Instanz>
/SQLSYSADMINACCOUNTS=<Benutzername> /SQLCOLLATION=<Neue Sortierung>

Nachdem der Befehl abgeschlossen ist, überprüfen Sie die Sortierung erneut. Nach dem Neustart des Servers, sollte die Sortierung geändert worden sein. Das ist aber nur auf Testservern sinnvoll. Auf produktiven Datenbank-Servern sollten Sie besser eine neue Instanz speziell für die System Center-Produkte installieren. Das ist auch für andere Bereiche sinnvoll, da auch andere System Center-Produkte verschiedene Konfigurationen erfordern.

Eine weitere Vorbereitung für SCOM 2012 R2 beseht in der Installation der Reporting Services auf dem Datenbank-Server. Zusätzlich müssen Sie im SQL Configuration Manager noch dafür sorgen, dass der SQL Server Agent gestartet ist. Achten Sie darauf, dass der SQL Server Agent automatisch mit dem Server neu startet.

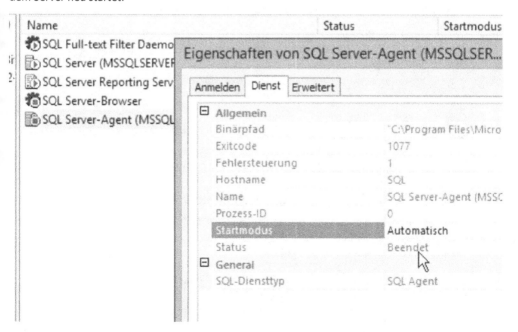

Diese Konfiguration nehmen Sie im SQL Server Configuration Manager in den Eigenschaften des SQL Server-Agents auf der Registerkarte *Dienst* vor. Sind die Reporting Services und der SQL Server-Agent gestartet, haben Sie SQL Server 2012 für die Installation von SCOM 2012 R2 vorbereitet. Überprüfen Sie den Start des SQL Agents auch im SQL Server Management Studio.

Server für SCOM 2012 R2 vorbreiten

Bevor Sie mit der Installation von SCOM 2012 R2 auf einem Server beginnen, müssen Sie erst einige Erweiterungen des „Microsoft SQL Server 2012 SP2 Feature Pack" installieren. Dieses finden Sie am schnellsten, wenn Sie nach dem Begriff in einer Suchmaschine suchen. Laden Sie Erweiterungen aus dem Microsoft-Downloadcenter.

Wählen Sie zum Download die Erweiterung *SQLSysClrTypes.msi*. Laden Sie diese herunter und installieren Sie diese Erweiterung auf dem SCOM-Server. Verwenden Sie immer die Version des Servicepacks, das auch auf dem SQL-Server installiert ist.

Zusätzlich benötigen Sie auf dem Server „Microsoft Report Viewer 2012 Runtime". Diese Erweiterung finden Sie ebenfalls im Microsoft-Downloadcenter.

Neben dieses zusätzlichen Tools, müssen Sie auf dem SCOM-Server über den Server-Manager noch weitere Rollen und Features installieren:

- *Webserver (IIS) mit den Standard-Features*
- *ASP.NET 4.5*
- *.NET Framework 4.5*
- *WCF-Dienste*
- *HTTP-Aktivierung mit allen notwendigen Features*

Bei der Auswahl der Rollendienste für IIS, müssen Sie noch einige weitere Features auswählen:

- *Windows-Authentifizierung*
- *Anforderungsfilterung*
- *Kompatibilität der IIS 6-Verwaltung*
- *ASP.NET 3.5 mit allen notwendigen Features*
- *Anforderungsüberwachung*

Lassen Sie den Server nach der Installation dieser Rollen und Features neu starten.

System Center 2012 R2 Operations Manager installieren

Nachdem Sie den Server und die Datenbank-Umgebung für SCOM 2012 R2 vorbereitet haben, machen Sie sich an die Installation des eigentlichen Servers. Wählen Sie die Option *Installieren* auf der Installationsoberfläche von SCOM 2012 R2.

Aktivieren Sie auch möglichst die Option „Neueste Updates für das Setupprogramm herunterladen", wenn der Server über eine Internetverbindung verfügt.

Operations Manager

Installieren

Neueste Updates für das Setupprogramm herunterladen

Sie können alle Serverrollen, außer den Berichterstattungsserver von SCOM 2012 R2, auf einem einzelnen Server zur Verfügung stellen. Natürlich können Sie alle Serverdienste auch auf verschiedenen Servern im Netzwerk verteilen.

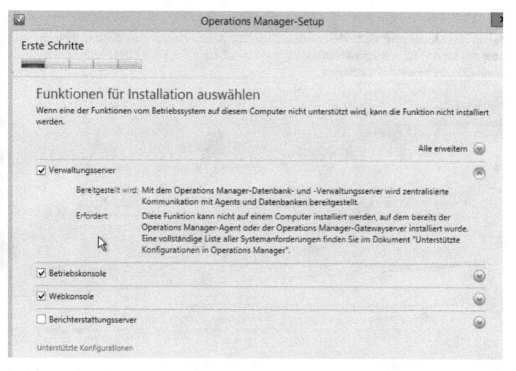

Nachdem Sie die Rollen ausgewählt haben, beginnt der Server mit der Installation. Zunächst werden aber die zahlreichen Voraussetzungen für SCOM 2012 R2 überprüft. Erhalten Sie hier einen Fehler, zeigt der Assistent auch die Ursache und mögliche Fehlerbehebungsmaßnahmen an. Beheben Sie den Fehler und klicken auf „Erforderliche Komponenten erneut überprüfen", testet der Assistent noch einmal die Voraussetzungen.

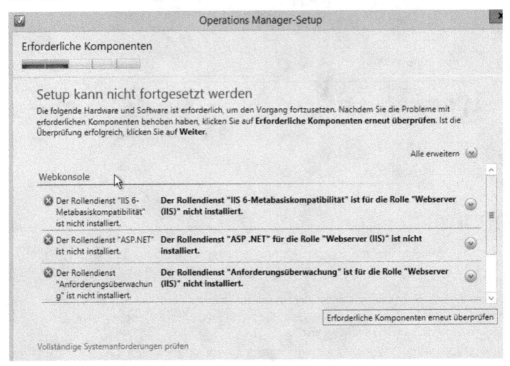

Fehlen zum Beispiel einzelne Rollendienste auf dem SCOM-Server, können Sie diese im Hintergrund über den Server-Manager installieren lassen. Wenn die Überprüfung keine Fehler mehr findet, können Sie die Installation fortführen.

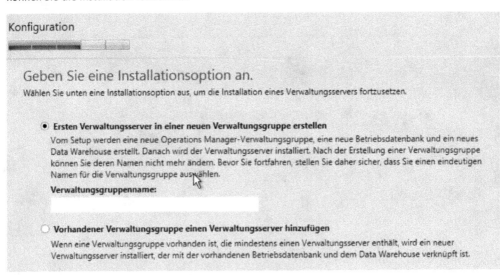

Auf dem nächsten Fenster installieren Sie entweder den ersten Verwaltungsserver in der Organisation oder fügen einen weiteren Verwaltungs-Server zu einer Verwaltungsgruppe dazu. In den nächsten Fenstern bestätigen Sie einige Informationen und müssen danach den Server an die

Datenbank anbinden. Dazu geben Sie die Daten des Datenbank-Servers an und legen den SQL Server-Port sowie den Namen der Datenbanken fest, die SCOM erstellen soll.

Konfigurieren Sie die Operations Manager-Datenbank.

Bevor Sie auf **Weiter** klicken, überprüfen Sie den Datenbanknamen, den Instanznamen und den Port. Stellen Sie sicher, dass Sie über ausreichende Berechtigungen für die Datenbankinstanz verfügen.

Servername und Instanzname:
sql.contoso.int

Format: Servername\Instanzname

SQL Server-Port:
1433

Datenbankname:
OperationsManager

Datenbankgröße (MB):
1000

Datendateiordner:
C:\Program Files\Microsoft SQL Server\MSSQL11.MSSQLSERVER\MSSQL\DATA\   [Durchsuchen...]

Protokolldateiordner:
C:\Program Files\Microsoft SQL Server\MSSQL11.MSSQLSERVER\MSSQL\DATA\   [Durchsuchen...]

Auch die Größe der Datenbank können Sie an dieser Stelle festlegen sowie den Speicherort der Datenbankdateien. Danach konfigurieren Sie auf welchem Datenbank-Server Sie die Data Warehous-Datenbank für SCOM speichern wollen.

Data Warehouse-Datenbank konfigurieren

Bevor Sie auf **Weiter** klicken, überprüfen Sie den Datenbanknamen, den Instanznamen und den Port. Stellen Sie sicher, dass Sie über ausreichende Berechtigungen für die Datenbankinstanz verfügen.

Servername und Instanzname:
sql.contoso.int

Format: Servername\Instanzname

SQL Server-Port:
1433

- ● Neue Data Warehouse-Datenbank erstellen
- ○ Verwenden Sie ein vorhandenes Data Warehouse aus einer anderen Verwaltungsgruppe.

Datenbankname:
OperationsManagerDW

Datenbankgröße (MB):
1000

Datendateiordner:
C:\Program Files\Microsoft SQL Server\MSSQL11.MSSQLSERVER\MSSQL\DATA\   [Durchsuchen...]

Protokolldateiordner:
C:\Program Files\Microsoft SQL Server\MSSQL11.MSSQLSERVER\MSSQL\DATA\   [Durchsuchen...]

Anschließend legen Sie noch die Webseite für die Webkonsole von SCOM an. Hier können Sie auf Wunsch auch gleich SSL aktivieren. Dazu muss auf dem Server aber ein Serverzertifikat vorliegen. Wenn noch kein Zertifikat zur Verfügung steht, können Sie dieses im Hintergrund installieren oder die SSL-Konfiguration nachträglich vornehmen.

Setzen Sie Active Directory-Zertifikatdienste ein, können Sie im IIS-Manager über den Bereich *Serverzertifikate* gleich ein Zertifikat anfordern.

Onlinezertifizierungsstelle

Geben Sie die Zertifizierungsstelle in Ihrer Domäne an, die das Zertifikat signiert. Es ist ein Anzeigename erforderlich, der leicht zu merken ist.

Online-Zertifizierungsstelle angeben:

contoso-DC1-CA\dc1.contoso.int | Auswählen...

Beispiel: Zertifizierungsstellenname\Servername

Anzeigename:

scom.contoso.int

Überprüfen Sie in der *Default Web Site* des Servers, ob eine SSL-Bindung vorhanden ist, und das ausgestellte Zertifikat auch verwendet wird.

Wenn das Zertifikat zur Verfügung steht, können Sie im SCOM-Installations-Fenster auch SSL aktivieren. Natürlich können Sie auch nachträglich SSL aktivieren.

Geben Sie eine Website für die Webkonsole an.

Wählen Sie eine IIS-Website für die Webkonsole aus. Wählen Sie eine vorhandene Website aus den verfügbaren Websites auf dem lokalen IIS-Server aus.

Website:

Default Web Site

☐ SSL aktivieren

SSL ist für eine sichere Übertragung der Anmeldeinformationen und Authentifizierungsdaten zwischen dem Browser und dem Webserver erforderlich. Es wird dringend empfohlen, SSL zu aktivieren, um das Risiko der Offenlegung vertraulicher Daten, wie Anmeldedaten, Servernamen, IP-Adressen usw., zu vermindern. Weitere Informationen zur Konfiguration von SSL finden Sie im Bereitstellungshandbuch.

⚠ Die Reporting-Komponente wurde oder wird nicht installiert. Wenn diese Komponente nicht installiert wird, ist Application Advisor nicht voll funktionsfähig.

Auf dem nächsten Fenster legen Sie die Authentifizierung für die Webkonsole fest.

Authentifizierungsmodus für die Webkonsole auswählen

Wählen Sie einen Authentifizierungsmodus aus. Weitere Informationen zum Authentifizierungsmodus und zur Verwendung von SSL finden Sie im Bereitstellungshandbuch.

◉ Gemischte Authentifizierung verwenden (Formularauthentifizierung)
  Verwenden Sie die gemischte Authentifizierung für Intranetszenarios. Benutzer müssen für den Zugriff auf die Webkonsole den Benutzernamen und das Kennwort angeben oder die aktuellen Windows-Anmeldeinformationen verwenden.

○ Netzwerkauthentifizierung verwenden
  Verwenden Sie die Netzwerkauthentifizierung für Extranetszenarien. Benutzer müssen einen Benutzernamen und das dazugehörige Kennwort angeben, um auf die Webkonsole zugreifen zu können.

Anschließen legen Sie fest, mit welchen Benutzerkonten die SCOM-Infrastruktur laufen soll. Hier verwenden Sie entweder verwaltete Dienstkonten, oder Sie legen manuell Konten für SCOM an.

Operations Manager-Konten konfigurieren

Wenn Sie ein einzelnes Konto für alle Dienste verwenden möchten, stellen Sie sicher, dass das Konto über alle erforderlichen Rechte verfügt. Weitere Informationen finden Sie in der Operations Manager-Bereitstellungsdokumentation.

Kontoname	Lokales System	Domänenkonto	Domäne \Benutzername	Kennwort
Verwaltungsserver-Aktionskonto	○	●	contoso\scom	••••••••••
System Center-Konfigurationsdienst und System Center-Datenzugriffsdienst	○	●	contoso\scom	••••••••••
Datenlesekonto		●	Domäne\Benutzername	******
Datenschreibkonto		●	Domäne\Benutzername	******

Natürlich können Sie an dieser Stelle auch mit verschiedenen Konten arbeiten die unterschiedliche Rechte haben. Zum Abschluss erhalten Sie eine Zusammenfassung und können die Installation starten. Diese dauert einige Zeit. Den aktuellen Status sehen Sie im Fenster. Auf den Datenbank-Servern sehen Sie im Rahmen der Installation auch die neuen Datenbanken. Diese müssen verfügbar sein, damit SCOM 2012 R2 funktionsfähig ist.

Auf dem Server können Sie über die Adresse *%LocalAppData%\SCOM\Logs* das Protokollverzeichnis von SCOM öffnen. Im Verzeichnis finden Sie die verschiedenen Protokolldateien von SCOM 2012 R2. In diesen sehen Sie den Status der Installation und die durchgeführten Aktionen. Hier sollten keine Fehler erscheinen. Sind Fehler aufgeführt, können Sie über den Fehlereintrag im Internet nach dem Fehler suchen. In den meisten Fällen, wird die Installation fehlerfrei abgeschlossen, wenn Sie die Voraussetzungen korrekt konfiguriert haben.

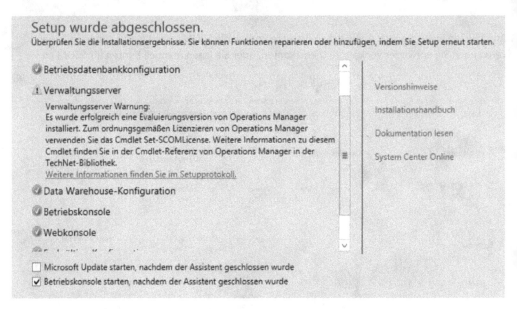

Starten Sie nach der Installation die SCOM-Konsole um sicherzustellen, dass SCOM problemlos installiert ist.

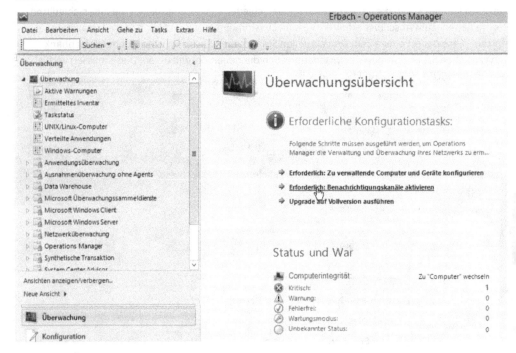

SCOM 2012 R2 und SCOM-Datenbanken mit neuen Updates aktualisieren

Nach der Installation von SCOM sollten Sie über Windows Updates alle aktuellen Updates auf dem Server starten. Dazu geben Sie *wuapp* auf der Startseite ein. Microsoft veröffentlicht regelmäßig auch Update Rollups für System Center. In den meisten Fällen werden diese direkt über Windows Update gefunden und installiert.

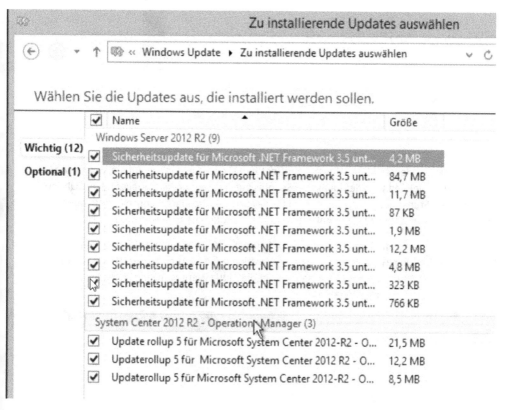

Nachdem alle Updates installiert sind, sollten Sie erneut nach Updates suchen und alle weiteren Updates installieren. Sie können dieses Updates auch manuell bei Microsoft herunterladen und installieren, der Weg über Windows Update ist aber der bequemere. Sie können Update Rollups auch über WSUS in Netzwerken verteilen.

Wenn Sie ein Update Rollup installiert haben, müssen Sie in den meisten Fällen auch die Datenbank für SCOM aktualisieren. Diesen Vorgang können Sie aber nicht automatisiert durchführen. Sie müssen dazu ein Skript auf dem Datenbank-Server ausführen. Sie finden dazu im Verzeichnis *C:\Programme\Microsoft System Center 2012 R2\OperationsManager\Server\SQL Script for Update Rollups* die notwendigen Dateien für die Aktualisierung der Datenbanken. Die Skripte werden in SQL-Dateien gespeichert. In den meisten Fällen gibt es ein Skript für die Datenbanken von SCOM und ein Skript für das Datawarehouse.

Wenn alle Updates auf dem Server installiert sind, starten Sie die Verwaltungskonsole erneut und überprüfen, ob der Server fehlerfrei funktioniert. Danach kopieren Sie die beiden SQL-Skripte auf den Datenbank-Server. Im SQL Server Management Studio verbinden Sie sich mit dem SCOM-Datenbank-Server und klicken mit der rechten Maustaste auf die SCOM-Datenbank. Wählen Sie *Neue Abfrage* als Befehl aus.

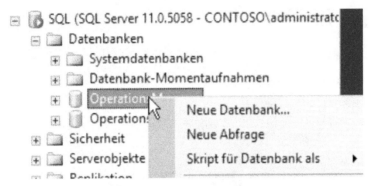

Nachdem sich ein leeres Abfragefenster geöffnet hat, klicken Sie doppelt auf die kopierten SQL-Dateien. Anschließend wird der Inhalt des Skriptes automatisch in das Abfragefeld im SQL Server Management Studio hinterlegt. Sie müssen für das Skript keine Einstellungen ändern oder Erweiterungen durchführen. Es reicht aus, wenn Sie auf die Schaltfläche *Ausführen* klicken.

Wichtig ist aber, dass die Datenbank von SCOM ausgewählt ist, standardmäßig *OperationsManager*. Nach der Ausführung, wird die erfolgreiche Integration der Änderung angezeigt. Erhalten Sie eine Fehlermeldung, starten Sie das Skript neu. Klappt die Aktualisierung nicht, starten Sie den SCOM-Server und den Datenbank-Server neu.

```
update_rollup_mom_...ministrator (109))  ×  SQLQuery1.sql - SQ...dministrator (108))

    SET QUOTED_IDENTIFIER ON
    GO
    SET ANSI_NULLS ON
    GO


    -- (c) Copyright 2005-2009, Microsoft Corporation, All Rights Reserved
    -- Proprietary and confidential to Microsoft Corporation
    --
    -- File: fn_AlertViewChanges.sql
    --
    -- Contents: This function returns data for the alert view.

 IF EXISTS (SELECT * FROM INFORMATION_SCHEMA.ROUTINES WHERE ROUTINE_NAME = 'fn_
        DROP FUNCTION dbo.fn_AlertViewChanges
100 %  ▼ <                              III

  Meldungen

    (34 Zeile(n) betroffen)

    (1 Zeile(n) betroffen)

    (1 Zeile(n) betroffen)
```

Auf dem gleichen Weg aktualisieren Sie die die Datenbank des Datawarehouses. Diese trägt die Bezeichnung *OperationsManagerDW*.

```
UR_Datawarehouse.s...ministrator (110))*  ×  SQLQuery2.sql - SQ...dministrator (108))
     /* UR DataWarehouse Install Script */

  ⊟IF NOT EXISTS (SELECT * FROM sys.indexes WHERE name = 'IX_Manag
  ⊟BEGIN
      CREATE INDEX IX_ManagedEntityTypeManagementPackVersion_BaseMa
    END
    GO


  ⊟ALTER TABLE dbo.RelationshipStage
        DROP COLUMN InsertReadyInd
  ⊟ALTER TABLE dbo.RelationshipStage
        ADD InsertReadyInd AS (CASE WHEN DiscoveredInd = 0 THEN Del
    GO
```

100 % ▾ | < | III

🗒 Meldungen

Befehl(e) wurde(n) erfolgreich abgeschlossen.

Sind die Skripte durchgelaufen, ist die SCOM-Infrastruktur bereit. Starten Sie die
Verwaltungskonsole, baut diese eine Verbindung mit der Infrastruktur auf. Anschließend können Sie
sich an die Anbindung von Clients machen. Haben Sie bereits SCOM-Clients angebunden, müssen Sie
auch häufig die Agenten-Software auf den Clientrechnern aktualisieren. Wenn das der Fall ist, finden
Sie einen entsprechenden Eintrag im Bereich *Verwaltung\Geräteverwaltung\Ausstehende
Verwaltung*.

SCOM-Berichteserver installieren

Den SCOM-Berichteserver können Sie nicht auf dem gleichen SCOM-Server installieren, wie die
anderen Dienste. Um den Server zu installieren, starten Sie die Installation über die SCOM-
Installationsdateien. Wählen Sie *Berichterstattungsserver* als Serverrolle aus. Als nächstes werden die
Voraussetzungen überprüft. Im Rahmen der Installation müssen Sie noch den Verwaltungsserver
eingeben sowie den Datenbankserver mit der SCOM-Datenbank.

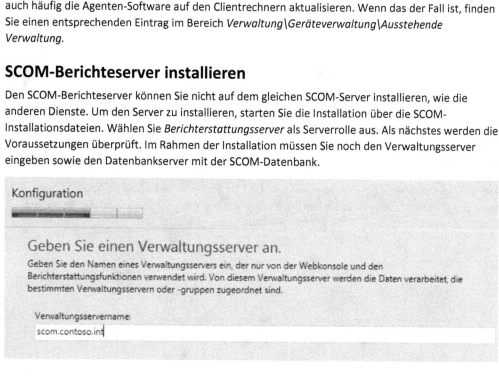

Konfiguration
▬▬▬ ▬▬▬ ▬▬▬

Geben Sie einen Verwaltungsserver an.

Geben Sie den Namen eines Verwaltungsservers ein, der nur von der Webkonsole und den
Berichterstattungsfunktionen verwendet wird. Von diesem Verwaltungsserver werden die Daten verarbeitet, die
bestimmten Verwaltungsservern oder -gruppen zugeordnet sind.

Verwaltungsservername:
scom.contoso.int

Haben Sie alle Optionen ausgewählt, beginnt der Assistent mit der Installation. Achten Sie darauf, dass auf dem Datenbankserver die SQL Reporting Services installiert sein müssen. Anschließend müssen Sie noch ein Datenlesekonto einrichten.

Operations Manager-Konten konfigurieren

Wenn Sie ein einzelnes Konto für alle Dienste verwenden möchten, stellen Sie sicher, dass das Konto über alle erforderlichen Rechte verfügt. Weitere Informationen finden Sie in der Operations Manager-Bereitstellungsdokumentation.

Kontoname	Lokales System	Domänenkonto	Domäne \Benutzername	Kennwort
Datenlesekonto		●	contoso\scom	●●●●●●●●●●

Danach wird die Installation abgeschlossen, und Sie sollten auch den Berichte-Server an Windows Updates anbinden

Microsoft Update

Über Microsoft Update werden Sicherheits- und andere wichtige Updates für Windows und andere Microsoft-Produkte einschließlich Operations Manager angeboten. Updates werden über die Einstellung "Automatische Updates" zugestellt, oder Sie besuchen die Microsoft Update-Website.

● Ein (empfohlen)

Es wird mit Microsoft Update nach Updates gesucht.

○ Aus

Es wird nicht automatisch nach Updates gesucht.

Erhalten Sie eine Fehlermeldung während der Installation, überprüfen Sie auf dem Datenbank-Server im SQL Server Management Studio, ob die Datenbank für den Berichteserver zur Verfügung steht. Diese trägt die Bezeichnung *ReportServer*.

Auf dem Datenbankserver finden Sie außerdem das Tool *Konfiguratons-Manager für Reporting Services*. Mit diesem Tool passen Sie den Datenbank-Server für den SCOM-Berichte-Server an. Hier können Sie auch überprüfen, ob die Dienste konfiguriert und gestartet sind.

Klicken Sie auf die URL der Reporting-Services, muss sich diese öffnen lassen. Auch die Datenbank muss zur Verfügung stehen. Nachdem die Installation abgeschlossen ist, und Sie alle Windows Updates installiert haben, inklusive dem aktuellen Update Rollup, sollte der Server funktionieren.

SCOM lizenzieren und Produktschlüssel eintragen

Um SCOM zu lizenzieren und den Produktschlüssel einzutragen, verwenden Sie am besten die PowerShell, beziehungsweise die *OperationsManager Shell*. Diese finden Sie am schnellsten über die Startseite.

Um in einer herkömmlichen PowerShell-Sitzung die SCOM-Befehle zu laden, verwenden Sie *Import-Module -Name OperationsManager*. Um den Produktschlüssel einzutragen, verwenden Sie am besten die PowerShell. In dieser können Sie zunächst mit *Get-ScomManagementGroup* die installierte Lizenz überprüfen.

Um eine Evaluierungsversion korrekt zu lizenzieren, verwenden Sie:

Set-SCOMLicense -ProductID <ID>

Starten Sie nach der Lizenzierung den Server neu und überprüfen Sie mit *Get-ScomManagementGroup*, ob die Lizenz korrekt eingetragen ist, zum Beispiel mit dem Status *Retail*.

Starten Sie die SCOM-Konsole nach der Installation und Einrichtung, können Sie sich einen ersten Blick über die Infrastruktur verschaffen. Im Bereich *Überwachung* finden Sie viele Informationen und

Management Packs, die bei der Überwachung helfen. Über *Verwaltung\Geräteverwaltung*, binden Sie Server und Serverdienste an SCOM an.

Computer, Server und Anwendungen an SCOM 2012 R2 anbinden

Mit System Center Operations Manager 2012 R2 (SCOM) können Administratoren in Microsoft-Netzwerken optimal Microsoft-Server überwachen. Natürlich lassen sich auch andere Betriebssysteme anbinden oder Netzwerkgeräte im Blick behalten. Seine Stärken spielt SCOM aber klar bei Microsoft-Servern aus.

Die Überwachung von speziellen Server-Produkten findet in SCOM über so genannte „Managament Packs" statt. Diese sind entweder schon eingebunden, oder stehen bei Microsoft und anderen Herstellern zum Download bereit. Über Management Packs können Sie spezielle Serverbereiche, zum Beispiel Postfachdatenbanken in Exchange, überwachen.

Bevor Management Packs aber Daten auslesen und anzeigen können, müssen die entsprechenden Server erst über den SCOM-Agenten angebunden sein. Erst danach macht die Einbindung von weiteren Management Packs Sinn. Die Anbindung von Clientcomputern kann per Push-Verfahren durchgeführt werden. Dazu durchsucht SCOM das Netzwerk nach Computern, und Administratoren können die Installation des notwendigen Clients, automatisiert, durchführen. Sobald der Client aktiv ist, sendet er die Daten an den SCOM-Server. Nach der Installation weiterer Management Packs lassen sich noch detailliertere Daten auslesen.

Nach der Installation von SCOM finden Administratoren im Bereich *Verwaltung\Geräteverwaltung* die Assistenten zur Anbindung von Servern. Hier stehen Optionen zur Anbindung von Servern mit Agenten-Software und zur Überwachung per SNMP zur Verfügung. Über den Link *Ermittlungs-Assistent*, auf der linken Seite der SCOM-Verwaltungskonsole, starten Sie im Bereich *Verwaltung* die Durchsuchung des Netzwerkes. Über den Assistenten lassen sich alle Arten von Clients anbinden.

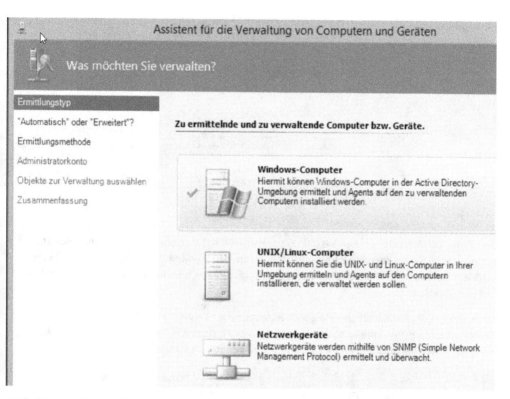

Nach der Auswahl von *Windows-Computer* lassen sich Geräte manuell oder automatisch im Netzwerk finden. Empfehlenswert ist zu Beginn die manuelle Anbindung. Danach lässt sich die ganze Active Directory-Gesamtstruktur auswählen oder einzelne Computer zur Anbindung an SCOM.

Auf den weiteren Seiten lassen sich die Benutzerkonten auswählen mit denen SCOM den Agenten auf den Servern installieren soll. Vor der Installation können Sie auswählen auf welchen Servern der Agent installiert werden soll, und welcher SCOM-Server im Netzwerk der Server zur Anbindung der Clients ist.

Im Assistenten legen Sie auch das Installationsverzeichnis für den Agenten fest sowie das Benutzerkonto, mit dem der Agentendienst auf dem Clientcomputer starten soll. Danach wird der Agent auf den Computern installiert. Der Status ist im Fenster zu sehen.

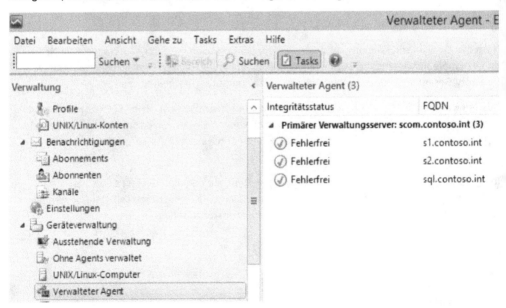

"Automatisch" oder "Erweitert"?

Ermittlungstyp

"Automatisch" oder "Erweitert"?

Ermittlungsmethode

Administratorkonto

Objekte zur Verwaltung auswählen

Zusammenfassung

Automatische oder erweiterte Ermittlung wählen

○ **Automatische Computerermittlung**

Hiermit wird die Domäne "CONTOSO" auf sämtliche Windows-Computer überprüft.

◉ **Erweiterte Ermittlung**

Ermöglicht Ihnen die Angabe erweiterter Ermittlungsoptionen und -einstellungen.

Computer und Geräteklassen:

Server und Clients

Hinweis: Diese Einstellung gilt nur beim Überprüfen von Active Directory. Auf den folgenden Seiten können Sie die Ermittlungsart für diese Objekte konfigurieren.

Verwaltungsserver

scom.contoso.int

☐ Überprüfen, ob ermittelte Computer kontaktiert werden können

Den Status der Anbindung sehen Sie über *Geräteverwaltung\Ausstehende Verwaltung*. Hier ist zu sehen, welche Server derzeit zur Verfügung stehen um den Agenten zu installieren. Wird ein Server markiert, ist im unteren Bereich eine Status-Meldung zu sehen, zum Beispiel warum die Anmeldung nicht funktioniert.

Nach einiger Zeit erscheinen die erfolgreich angebundenen Server im Bereich *Geräteverwaltung\Verwalteter Agent*. Sobald diese einen grünen Haken erhalten, ist die Anbindung erfolgreich, und der SCOM-Server erhält Daten vom Agenten des angebundenen Servers.

Die eigentliche Überwachung der Server findet nach der Anbindung im Bereich *Überwachung* der SCOM-Konsole statt. Bei *Ermitteltes Inventar* sind die gefundenen Server zusehen, bei *Windows-*

Computer die angebundenen Windows-Server. Hier erscheinen nach der Installation auch die Management Packs.

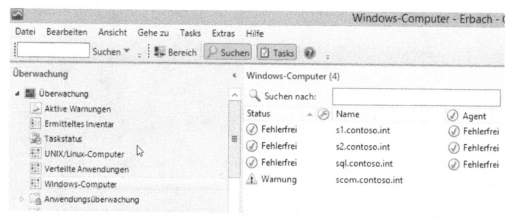

Im Bereich *Überwachung* sind die Daten einzelner Server zu sehen sowie untergeordnete Serverbereiche von Diensten wie Exchange oder SQL. Über das Kontextmenü eines Servers können Sie in der Mitte des Fensters den Integritäts-Explorer starten. Dieser listet genau auf, wann Fehler aufgetreten sind.

Klicken Sie auf einen Server, blendet die Konsole auf der rechten Seite einen Bereich mit verschiedenen Aufgaben ein, die Sie mit dem Server durchführen können. Dazu gehören Möglichkeiten zum Starten der Computerverwaltung, anpingen und mehr.

Management Packs lassen sich jederzeit integrieren. Dazu wird der Bereich *Verwaltung\Management Packs* verwendet. Über das Kontextmenü lassen sich die extrahierten Management Pack-Dateien einfach in den Server integrieren. Die Daten sind danach im Bereich *Überwachung* zu finden. Mehr dazu finden Sie in einem eigenen Abschnitt in diesem Buch.

Sobald Daten eingelesen sind, zum Beispiel beim Exchange 2013-Management Pack, lassen sich im Bereich *Überwachung* die Daten des Management Packs anzeigen. Voraussetzung ist aber die Installation des Standard-Clients auf dem entsprechenden Server. Der Agent ist über *Appwiz.cpl* auf dem Server zu sehen, der Systemdienst trägt die Bezeichnung *Microsoft Monitoring Agent*.

In der Systemsteuerung der angebundenen Server steht auch der Bereich zur Verwaltung des lokal installierten Monitoring Agents zur Verfügung. Hier lassen sich wichtige Einstellungen anpassen. In der SCOM-Konsole sehen Sie im Bereich *Überwachung\Überwachung* eine Zusammenfassung aller Meldungen und wie viele Server im Netzwerk angebunden sind.

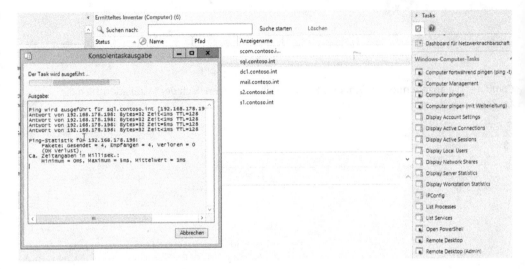

In diesem Bereich können Sie auch Befehle direkt auf dem Server starten und sehen anschließend das Ergebnis des Befehls in der SCOM-Konsole.

Fehlerbehebung bei der Clientanbindung - Domänencontroller überwachen

Binden Sie Domänencontroller oder andere besonders abgesicherte Server an SCOM an, erhalten Sie beim Klicken auf *Verwaltung\Verwalteter Agent* teilweise Fehlermeldungen bei der Anbindung. Diese äußern sich mit einer Warnung des installierten Agenten.

Verwalteter Agent (5)

Integritätsstatus	FQDN
⯈ Primärer Verwaltungsserver: scom.contoso.int (5)	
⚠ Warnung	dc1.contoso.int
⊘ Fehlerfrei	mail.contoso.int
⊘ Fehlerfrei	s1.contoso.int
⊘ Fehlerfrei	s2.contoso.int
⊘ Fehlerfrei	sql.contoso.int

Ist das bei Ihnen der Fall, müssen Sie die Konfiguration nacharbeiten. Sie sehen diesen Fehler auch bei *Überwachung\Ermitteltes Inventar*.

Die Einstellungen, die Sie ändern müssen, finden Sie direkt auf dem angebundenen Server. Öffnen Sie auf diesem das Verzeichnis eine Eingabeaufforderung, und wechseln Sie in das Verzeichnis in das der SCOM-Agent installiert ist, zum Beispiel *Programme\Microsoft Monitoring Agent\Agent*. Geben Sie den Befehl *hslockdown - l* ein.

Sie sehen welche Benutzer Recht haben, den Agent zu verwenden. Erscheint für einen Server in der SCOM-Konsole ein Fehler, erhalten Sie normalerweise durch diesen Befehl die Information, dass der Benutzer *System* auf dem Server kein Recht für den Agenten hat.

```
■  Administrator: C:\Windows\system32\cmd.exe

C:\Program Files\Microsoft Monitoring Agent\Agent>hslockdown /l

Verwaltungsgruppe [Erbach]
Zulössig:
    NT-AUTORIT-T\Authentifizierte Benutzer
Verweigert:
    NT-AUTORIT-T\SYSTEM


C:\Program Files\Microsoft Monitoring Agent\Agent>_
```

Um dem Systembenutzer die notwendigen Rechte zu erteilen, verwenden Sie den Befehl

Hslockdown <Verwaltungsgruppe> /r „NT Authority\System"

Lassen Sie sich die Liste erneut anzeigen, sollte der Benutzer von der Verweigerungsliste entfernt
worden sein.

```
■  Administrator: Windows PowerShell                               _  □  X

Verweigert:
    NT-AUTORIT-T\SYSTEM


C:\Program Files\Microsoft Monitoring Agent\Agent>hslockdown "Erbach" /r "NT AUT
HORITY\SYSTEM"

[Erbach] NT AUTHORITY\SYSTEM wurde entfernt.

Verwaltungsgruppe [Erbach]
Zulössig:
    NT-AUTORIT-T\Authentifizierte Benutzer
Verweigert:

Starten Sie den Integritötsdienst erneut, um -nderungen zu ³bernehmen.

C:\Program Files\Microsoft Monitoring Agent\Agent>hslockdown /l
Verwaltungsgruppe [Erbach]
Zulössig:
    NT-AUTORIT-T\Authentifizierte Benutzer
Verweigert:

C:\Program Files\Microsoft Monitoring Agent\Agent>_
```

Rufen Sie danach mit *services.msc* die Verwaltung der Systemdienste auf. Starten Sie den Dienst
Microsoft Monitoring Agent neu. Überprüfen Sie nach dem Neustart erneut mit *hslockdown - l* die
notwendigen Rechte. Der Server sollte jetzt überwacht werden.

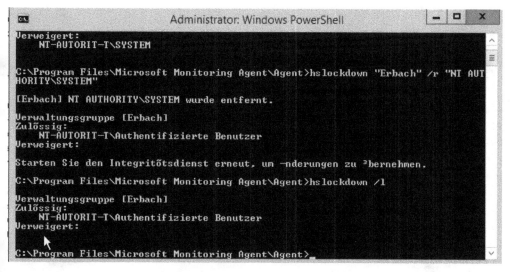

Verwalteter Agent (5)

🔍 Suchen nach: [   ]   Suche starten

Integritätsstatus   FQDN   ▲ Name

◢ Primärer Verwaltungsserver: scom.contoso.int (5)

  ✓ Fehlerfrei   dc1.contoso.int   DC1
  ✓ Fehlerfrei   mail.contoso.int   mail
  ✓ Fehlerfrei   s1.contoso.int   s1
  ✓ Fehlerfrei   s2.contoso.int   s2
  ✓ Fehlerfrei   sql.contoso.int   sql

Erste Schritte mit der SCOM-Konsole

Haben Sie Server an SCOM angebunden, können Sie sich bereits einen Überblick zu den Überwachungsmöglichkeiten von SCOM verschaffen. Im Bereich *Überwachung\Überwachung* erhalten Sie eine Zusammenfassung aller kritischen Fehler, Warnungen und fehlerfreien Server im Netzwerk.

Auch der Wartungsmodus von Servern ist an dieser Stelle zu sehen. Im Bereich *Ermitteltes Inventar* sehen Sie wiederum alle angebundenen Server und deren Status. Besonders Interessant ist auch der Bereich *Aktive Warnungen*. Hier sehen Sie alle Fehler, die derzeit im Netzwerk vorliegen und können sich den Status der Fehlermeldungen ansehen, inklusive der möglichen Problemlösung.

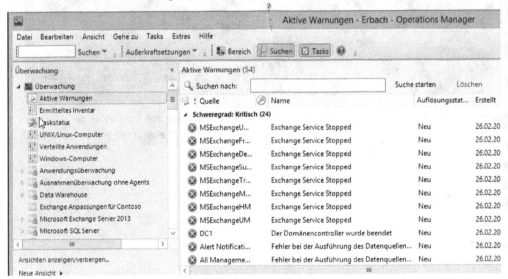

Die Fehler werden in kritische Fehler, in Warnungen und in Informationen unterteilt. Für mehr Informationen klicken Sie eine Warnung an. Im unteren Bereich erhalten Sie weiterführende Informationen und eventuelle Fehlerbehebungen.

Über das Kontextmenü verwalten Sie Fehler. Sie können Fehler ausblenden, einen Status zuweisen, den Wartungszustand eines Servers aktivieren und vieles mehr.

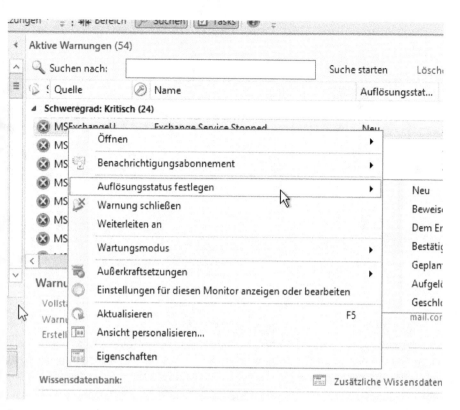

Über *Verwaltung\Geräteverwaltung\Ausstehende Verwaltung* können Sie die Server anzeigen, bei denen noch Aktionen durchgeführt werden müssen, damit diese mit SCOM überwachbar sind. Bei *Verwalteter Agent* sehen Sie ebenfalls alle erfolgreich angebundenen Server. Klicken Sie auf *Verwaltungsserver*, zeigt die Konsole wiederum alle SCOM-Server im Netzwerk an.

Management Packs steuern Sie über *Verwaltung\Management Packs*. Hier können Sie heruntergeladene Management Packs importieren oder Management Packs bei Microsoft herunterladen. Nachdem Sie ein Pack installiert haben, zum Beispiel für Exchange, SQL oder Hyper-V, beginnt der Server auch spezielle Serverdienste zu überwachen und kann spezifischere Fehlermeldungen anzeigen.

Über *Konfiguration* können Sie erweiterte Einstellungen der Management Packs vornehmen. Diese Einstellungen sind aber nur optional. Denn nachdem Sie ein Management Pack installiert haben, liest dieses bereits automatisiert die Daten der Server aus. Auf den Servern müssen Sie dazu keine Erweiterungen auf den angebundenen Servern installieren, die übertragenen Daten des SCOM-Agenten reichen aus. Sie erkennen auch in den einzelnen Warnungen der Server, welches Management Pack und welcher Monitor den Fehler gefunden hat.

Die SCOM-Webkonsole nutzen

Sie haben auch die Möglichkeit mit einem Webbrowser auf den SCOM-Server zuzugreifen und sich Warnungen anzuzeigen. Die Webkonsole hat die URL *https://<IP-Adresse oder Name>/operationsmanager*. Im Fenster können Sie nicht so viele Optionen vornehmen, wie in der herkömmlichen Konsole, für eine Überwachung der Umgebung reicht die Webkonsole aber oft aus.

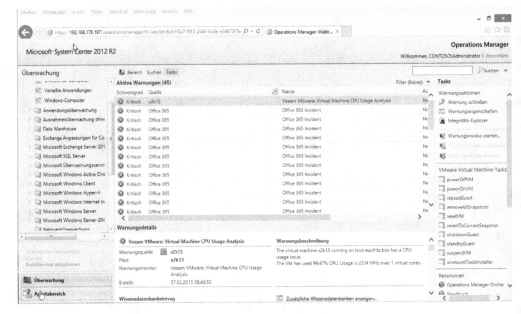

Die Webkonsole bietet natürlich auch eine Authentifizierung und unterstützt die verschiedenen Verwaltungsrollen. Mit der Webseite können Sie auf einen Blick eine Überwachung der Umgebung durchführen und sehen Warnungen. Auch das Bearbeiten von Alarmen können Sie in der Webkonsole vornehmen.

In der Webkonsole können Sie auch eigene Arbeitsbereiche erstellen, in denen Sie die Oberfläche an Ihre Bedürfnisse anpassen können. Der Webzugriff kann auch von Rechnern aus erfolgen, die nicht Mitglied der Domäne sind, da die Anmeldung über ein Formular durchgeführt wird.

Management Packs installieren und einrichten

Management Packs erweitern die Daten, die SCOM zur Überwachung anzeigen kann. Microsoft und andere Hersteller bieten Management Packs zur Überwachung an. Im Bereich *Verwaltung\Management Packs* können über das Kontextmenü manuell heruntergeladene Management Packs importieren oder direkt bei Microsoft herunterladen.

Über das Kontextmenü von *Verwaltung\Management Packs* können Sie über *Management Packs herunterladen* eine Onlineverbindung zu Microsoft aufbauen und mit einem Assistenten online nach Management Packs suchen. Klicken Sie dazu auf *Hinzufügen*. Im Fenster können Sie nach neuen Management Packs suchen, zum Beispiel für Exchange.

Im Online-Katalog sind nicht alle Management Packs zu finden. Einfacher ist es oft, wenn Sie das Management Pack aus dem Downloadcenter bei Microsoft herunterladen und in der SCOM-Konsole importieren. Auch diese Aufgabe nehmen Sie über das Kontextmenü vor.

Bei vorgefertigten Management Packs steht auch die Möglichkeit zur Verfügung neue Management Packs in der Konsole zu erstellen und vorhandene Management Packs als Grundlage zu verwenden. Alle Änderungen, die Sie an einem Management Pack vornehmen, werden in der von Ihnen erstellten Variante gespeichert, während das originale Management Pack erhalten bleibt.

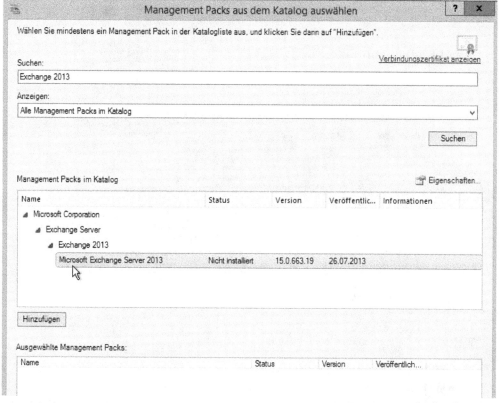

Sobald Sie die Management Packs installiert haben, werden die Server auf Basis des Management Packs überwacht, wenn der SCOM-Agent auf den Ziel-Rechnern entsprechende Informationen an den SCOM-Server überträgt.

Management Packs bestehen aus verschiedenen Objekten. Besonders wichtig an dieser Stelle sind *Monitore* die nach Fehlern suchen, *Tasks* die Aufgaben durchführen und *Regeln* die festlegen welchen Status ein Monitor melden soll, wenn bestimmte Bedingungen auf dem überwachten Server eintreten. Sie können die Einstellungen dieser einzelnen Bereiche in der SCOM-Konsole bei den Management Packs anpassen.

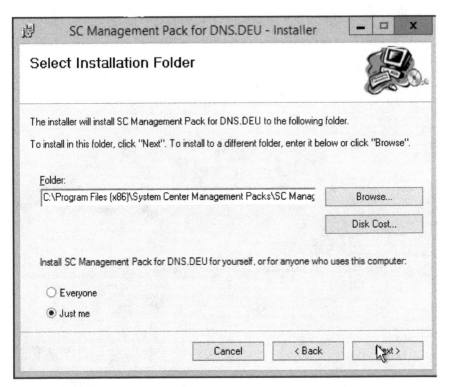

Sie sollten in Active Directory-Umgebungen auf jeden Fall die neusten Management Packs für die Überwachung von DNS, Windows-Servern, IIS 8 und Active Directory herunterladen und installieren. Diese Management Packs arbeiten auch mit dem Management Pack für Exchange zusammen.

Sie finden die neuste Version der Management Packs sehr einfach über Google oder direkt dem Microsoft Downloadcenter. Die Management Packs liegen als MSI-Datei vor. Während der Installation werden die Systemdateien des Management Packs aber nur extrahiert. Nach der Installation über die MSI-Datei müssen Sie die Management Packs noch manuell über die SCOM-Konsole in SCOM integrieren. Dazu klicken Sie mit der rechten Maustaste auf *Verwaltung\Management Packs* und starten den Importvorgang.

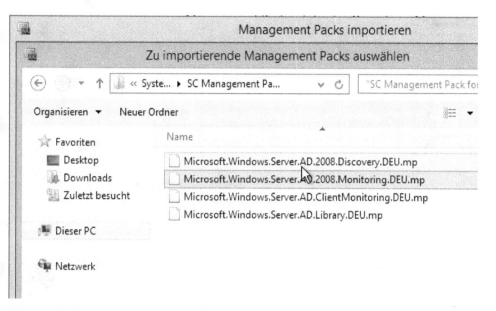

Erhalten Sie eine Warnung bei der Installation, können Sie das Problem mit einem Klick auf *Auflösen* beheben. Klicken Sie danach noch einmal auf die Schaltfläche *Auflösen*. Danach werden die Management Packs integriert. Nach einigen Stunden sollten auch die an SCOM angebundenen Server ihre Daten zu den Management Packs übermitteln. Sie finden anschließend im Bereich *Überwachung* die einzelnen Management Packs und unterhalb der Management Packs die detaillierten Informationen der Überwachung. Weitere Konfigurationen sind zunächst nicht notwendig um eine erste Überwachung zu starten.

Löst eine Regel eine bestimmte Aktion aus, zum Beispiel weil die Festplattenlesevorgänge zu stark ansteigen, kann ein Monitor einen Task durchführen. *Objektermittlungen* in einem Management Pack identifizieren die einzelnen Objekte in der SCOM-Infrastruktur, die überwacht werden sollen, zum Beispiel alle Exchange-Server. Zu jedem Management Pack gehört auch eine interne Wissensdatenbank, in der Sie Problembehebungen von bestimmten Alarmen hinterlegen. Erscheint der Fehler erneut, kann SCOM eine mögliche Problemlösung vorschlagen.

Innerhalb von Management Packs sollten Sie keine Einstellungen ändern. Besser ist es, wenn Sie über das Kontextmenü von Management Packs ein neues Management Pack erstellen, in dem Sie nur Änderungen eines originalen Management Packs speichern lassen, wenn Sie ein Management Pack anpassen wollen.

Zeigt SCOM für einzelne Management Packs Fehler an, können Sie nicht nur detaillierte Informationen dazu anzeigen lassen indem Sie den Fehler anklicken, sondern Sie können auch erweiterte Aktionen vornehmen, in dem Sie den Fehler mit der rechten Maustaste anklicken.

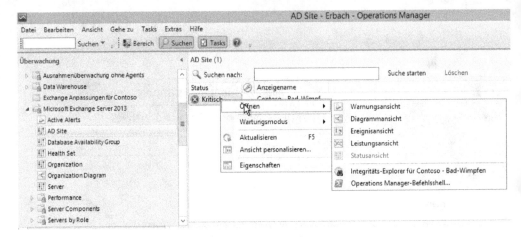

Mit der *Warnungsansicht* können Sie zum Beispiel alle Warnungen und Fehler des Standortes auf einmal anzeigen lassen. Sie sehen im Fenster den genauen Ablauf der Fehler und auch das Datum der Erstellung. Auf diesem Weg lassen sich auch schnell Ursachen von Fehlern finden, was ohne SCOM kaum möglich wäre.

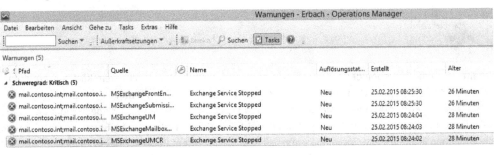

In der Warnungsansicht können Sie außerdem über das Kontextmenü den Auflösungsstatus eines Fehlers steuern. So können Sie Fehlern zum Beispiel einen bestimmten Status zuweisen und so weitere Filter erstellen. Andere Administratoren können eigene Ansichten erstellen und nur Fehler mit einem bestimmten Auflösungsstatus anzeigen.

Auch Abonnements erstellen Sie über das Kontextmenü. Mit dieser Funktion können Sie über einen Assistenten das automatische Senden von E-Mails konfigurieren, wenn der Fehler noch einmal auftritt.

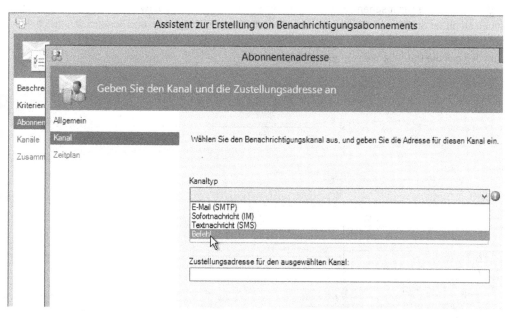

Haben Sie ein Abonnement erstellt, können Sie es jederzeit an dieser Stelle über das Kontextmenü nachträglich bearbeiten.

Erste Schritte mit der Überwachung mit SCOM

Haben Sie Ihre Clients und Server angebunden und alle notwendigen Management Packs installiert, erhält der SCOM-Server seine Daten von den Agenten, die auf den Clientrechnern installiert sind. Die Auswertungen dieser Daten können Sie in der SCOM-Konsole durchführen. Dazu klicken Sie auf *Überwachung*. Hier sehen Sie auch Unterordner für die einzelnen installierten Management Packs und erhalten Daten zu der Infrastruktur.

Für jedes Management Pack erhalten Sie auch eine Liste der Server, die mit dem Pack überwacht werden, zum Beispiel für SQL-Server. Über das Kontextmenü können Sie für alle überwachten Server zusätzliche Aktionen aufrufen, zum Beispiel eine *Diagrammansicht* öffnen.

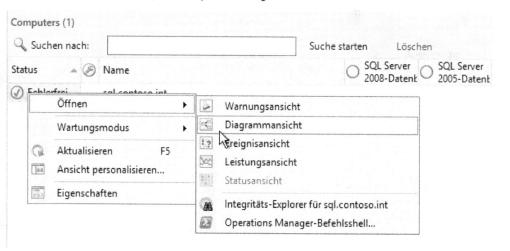

In der Diagrammansicht sehen Sie den Status der Server und dessen überwachten Serverdienste. Sie sehen an dieser Stelle auch die überwachten Dienste in einem Diagramm und können sich durch die Infrastruktur klicken. Sie sehen die erfolgreiche Überwachung der Dienste und ob alles funktioniert, zum Beispiel die Datenbanken auf einem SQL-Server

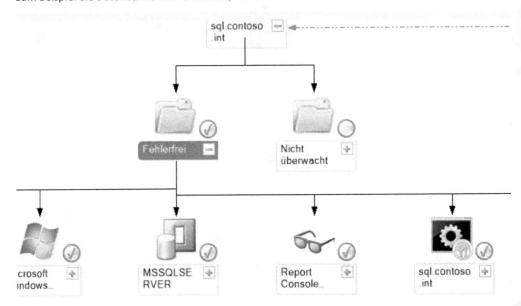

Tauchen hier Fehler auf, können Sie diese anzeigen und direkt zu anderen Bereichen in SCOM springen. In der Diagrammansicht können Sie die Anzeige außerdem in das Visio-Format exportieren und auch außerhalb der Konsole betrachten.

Warnungen verstehen und auflösen

Die einzelnen angebundenen Serverdienste melden Probleme mit Serverdiensten als Warnung. Diese sehen Sie im Bereich *Überwachung\Aktive Warnungen*. Klicken Sie eine Warnung mit der rechten Maustaste an, können Sie verschiedene Aufgaben durchführen, zum Beispiel die Warnung auflösen.

Bei diesem Vorgang weisen Sie der Warnung einen bestimmten Status zu. Nach diesem Status können Sie auch eigene Arbeitssbereiche erstellen, welche nur die Warnungen mit dem entsprechenden Status anzeigen.

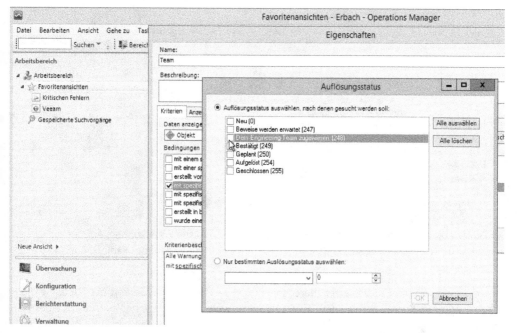

Auch in den Arbeitsbereichen können Administratoren den Auflösungsstatus ändern und auf diesem Weg anderen Teams zuweisen, oder den Fehler als *Geschlossen* konfigurieren.

Den Status der Warnungen sehen Sie auch in der Spalte *Auflösungsstatus*. Konfigurieren Sie eine *Warnung* als *Geschlossen*, wird diese ausgeblendet. Warnungen von Serverdiensten resultieren häufig auch zu anderen Fehlern für ganze Server oder Infrastrukturen. Rufen Sie über das Kontextmenü eines Servers oder Serverdienstes den Integritäts-Explorer auf, sehen Sie die verschiedenen Warnungen für den Server.

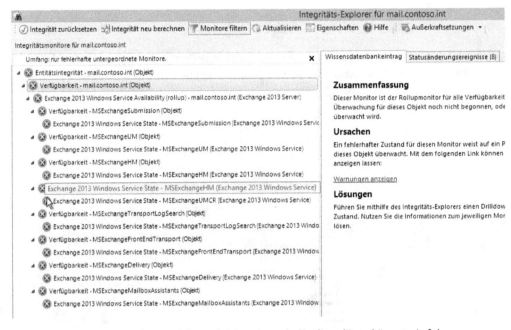

Für Fehler erhalten Sie an dieser Stelle auch Hinweise, wie Sie disen lösen können. Auf der Registerkarte *Statusänderungsereignisse* sehen Sie den zeitlichen Verlauf des Fehlers, und wie dieser entstanden ist.

Klicken Sie auf *Integrität zurücksetzen*, berechnet SCOM die Integrität des Servers neu. Über die *Ereignisansicht* im Kontextmenü eines Servers sehen Sie weitere Informationen zum Status eines Servers.

Diagnose mit SCOM - Aktionen hinterlegen und Monitore konfigurieren

Klicken Sie auf eine Warnung in SCOM, sehen Sie im unteren Bereiche die Warnungsdetails. Diese zeigen auch an, wer diese Warnung erstellt hat. In den meisten Fällen werden Warnungen durch die Monitore von Management Packs erstellt.

Alle Monitore von allen Management Packs sehen Sie im Bereich *Konfiguration* der SCOM-Konsole, wenn Sie auf *Management Pack-Objekte\Monitore* klicken. Auch hier können Sie die Eigenschaften von Monitoren ändern und Aktionen hinterlegen.

Kritischen Fehlern (113)

Sy...	Quelle	Name	Auflösungsstat...	Erstellt
⊗	scom.contoso.i...	Bald ablaufende RunAs-Konten	Geschlossen	26.02.2015 08:42:13
⊗	MSExchangeU...	Exchange Service Stopped	Geschlossen	26.02.2015 08:36:18
⊗	MSExchangeFr...	Exchange Service Stopped	Geschlossen	26.02.2015 08:36:17
⊗	MSExchangeDe...	Exchange Service Stopped	Geschlossen	26.02.2015 08:36:11
⊗	MSExchangeSu...	Exchange Service Stopped	Geschlossen	26.02.2015 08:36:08
⊗	MSExchangeTr...	Exchange Service Stopped	Geschlossen	26.02.2015 08:36:01
⊗	MSExchangeHM	Exchange Service Stopped	Geschlossen	26.02.2015 08:35:54

Warnungsdetails

⊗ Exchange Service Stopped

		Beschreibung der Warnung
Quelle:	MSExchangeUMCR	The Exchange Windows Service MSExchangeUMCR has stopped at mail.contoso.int.
Vollständiger Pfadname:	mail.contoso.int\mail.contoso.int\MSExchangeUMCR	
Warnungsmonitor:	Exchange 2013 Windows Service State	
Erstellt:	26.02.2015 08:36:18	

Sie haben die Möglichkeit Monitoren auch Aktionen zuzuweisen. Am schnellsten geht das, wenn Sie den Link des Monitors in den Warnungsdetails anklicken. Anschließend öffnet sich die Eigenschaftsseite des Monitors. Hier stehen auf verschiedenen Registerkarten Einstellungsmöglichkeiten zur Verfügung.

Auf der Registerkarte *Diagnose und Wiederherstellungen* können Sie Aktionen hinterlegen, die SCOM bei bestimmten Bedinungen ausführen soll. Sie können an dieser Stelle weitere Diagnosen durchführen oder auch Wiederherstellungstasks konfigurieren. Es besteht auch die Möglichkeit mehrere Tasks hintereinander ausführen zu lassen oder Bedingungen für die Tasks zu hinterlegen.

Auf diesem Weg können Sie SCOM also so konfigurieren, dass bestimmte Fehler nicht nur gemeldet, sondern auch behoben werden.

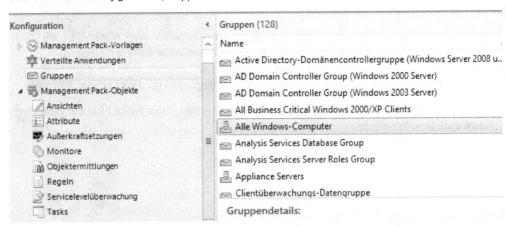

Eigenschaften von Exchange 2013 Windows Service State

Firmeninterne Wissensdatenbank	Außerkraftsetzungen			
Allgemein	Integrität	Warnung	Diagnose und Wiederherstellung	Konfiguration	Produktwissensquelle

Diagnosetasks konfigurieren

Konfigurieren Sie die Diagnosetasks, indem Sie einen oder mehrere Tasks für den jeweiligen Integritätsstatus erstellen oder bearbeiten:

Hinzufügen... Bearbeiten... Entfernen

Integritätsstatus	Diagnosetaskname	Geerbt von	Automatisch ausführen

Wiederherstellungstasks konfigurieren

Konfigurieren Sie die Wiederherstellungstasks, indem Sie einen oder mehrere Tasks für den jeweiligen Integritätsstatus erstellen oder bearbeiten:

Hinzufügen... Bearbeiten... Entfernen

Integritätsstatus	Wiederherstellungstaskname	Geerbt von	Automatisch ausführen	Monitorstatus neu berechnen

Computergruppen erstellen und verwalten

In SCOM können Sie verschiedene Server und andere Computer auch zu Gruppen zusammenfassen. Auf diesem Weg fassen Sie verschiedene Computer für unterschiedliche Administratorgruppen zusammen und können gemeinsame Regeln festlegen.

Standardmäßig verfügt SCOM bereits über einige Gruppen. Diese finden Sie in der SCOM-Konsole über den Bereich *Konfiguration\Gruppen*.

Konfiguration	Gruppen (128)
▷ Management Pack-Vorlagen	Name
⚑ Verteilte Anwendungen	Active Directory-Domänencontrollergruppe (Windows Server 2008 u..
Gruppen	AD Domain Controller Group (Windows 2000 Server)
▲ Management Pack-Objekte	AD Domain Controller Group (Windows 2003 Server)
Ansichten	All Business Critical Windows 2000/XP Clients
Attribute	Alle Windows-Computer
Außerkraftsetzungen	Analysis Services Database Group
Monitore	Analysis Services Server Roles Group
Objektermittlungen	Appliance Servers
Regeln	Clientüberwachungs-Datengruppe
Serviceüberwachung	Gruppendetails:
Tasks	

Gruppen können Sie an dieser Stelle auch verschachteln und so auch komplexe Szenarien abbilden. Über das Kontextmenü von Gruppen können Sie Einstellungen ändern oder die Computer in der Gruppe anzeigen. Die meisten Management Packs erstellen eigene Gruppen, welche die Server zusammenfassen, die vom entsprechenden Management Pack verwaltet werden. Ein Beispiel dafür ist das Management Pack für Exchange. In den Eigenschaften von Gruppen können Sie zahlreiche Einstellungen vornehmen, zum Beispiel Monitore und Aktionen steuern.

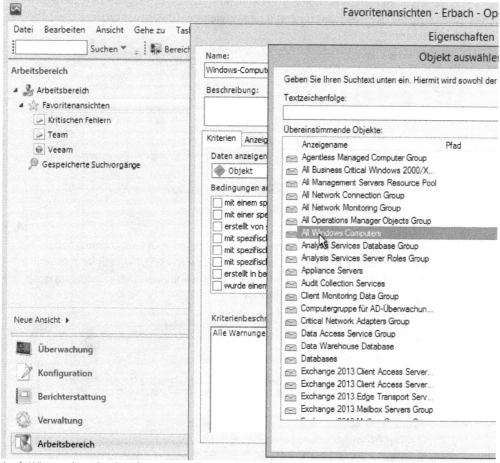

Auch Wissensdatenbanken für Fehler auf diese Gruppen können Sie an dieser Stelle steuern. Erstellen Sie einen eigenen Arbeitsbereich, können Sie ebenfalls nach den Gruppen sortieren lassen. Sie erstellen auf diesem Weg eigene Ansichten, die nur Fehler und Warnungen von bestimmten Computern anzeigen.

SCOM und die PowerShell

SCOM lässt sich, wie alle aktuellen Microsoft-Serverprodukte auch in der PowerShell steuern und nutzen. Entweder rufen Sie über die entsprechende Verknüpfung direkt die PowerShell auf, oder Sie importieren mit dem Befehl *import-module -name OperationsManager* das Modul in eine herkömmliche PowerShell-Sitzung.

Alle Befehle der PowerShell finden Sie am schnellsten mit *get-command*. Wollen Sie nur die Befehl für SCOM anzeigen lassen, geht das am schnellsten mit dem Befehl *get-command *scom**.

Mit *get-command get-*scom** lassen Sie sich alle CMDlets anzeigen, mit denen Sie Informationen anzeigen lassen können. So können Sie mit *get-scommanagementserver* zum Beispiel alle SCOM-Server der Infrastruktur anzeigen.

Exchange-Server und SQL-Server mit SCOM überwachen

Nachdem Sie das Management Pack für Exchange installiert haben, sollten Sie in den Eigenschaften der Exchange-Server im Bereich *Verwaltung\Verwalteter Agent* auf der Registerkarte *Sicherheit die* Option *„Diesen Agent als Proxyagent zur Ermittlung verwalteter Objekte auf anderen Computern verwenden"* aktivieren.

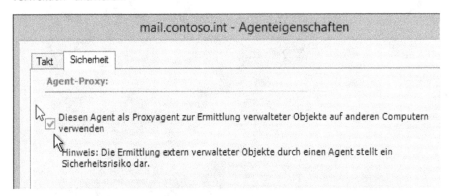

Diese Option aktivieren Sie auf allen Exchange-Servern, die Sie an SCOM angebunden haben. Auf dem Exchange-Server muss der *Microsoft Monitor Agent* installiert sein. In der Systemsteuerung können Sie die Eigenschaften des Microsoft Monitoring Agent anpassen. Diese Einstellungen sollten Sie auf den Exchange-Servern ebenfalls überprüfen.

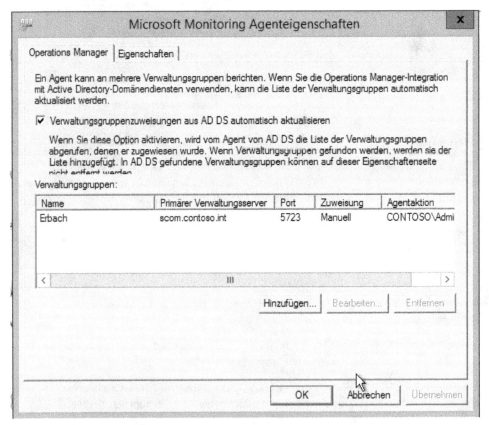

Aktivieren Sie an dieser Stelle die Option „Verwaltungsgruppenzuweisungen aus ADDS automatisch aktualisieren". Auf dem SCOM-Server muss der Exchange-Server bei *Überwachung\Ermitteltes Inventar* als *Fehlerfrei* angezeigt werden.

Im Bereich *Überwachung* finden Sie nach der Installation des Management Packs einen neuen Untermenüpunkt für Exchange. Hier können Sie sich durch die verschiedenen überwachten Funktionen der Exchange-Organisation klicken. Sie können im Bereich *Health Set* zum Beispiel sicherstellen, dass alle Exchange-Dienste auf allen Exchange-Servern der Organisation funktionieren.

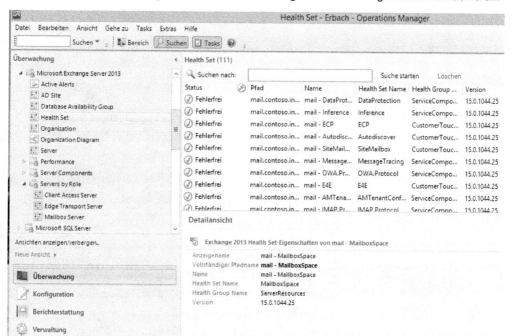

Sie können an dieser Stelle auch ein Organisations-Diagramm anzeigen lassen und sehen ob die einzelnen Bereiche der Exchange-Organisation funktionieren. Nach der Installation kann es einige Stunden dauern, bis alles funktioniert und überwacht wird. Über *Servers by Role* können Sie nach den Rollen der Exchange-Organisation filtern lassen. Über das Kontextmenü des Servers aktivieren Sie auf Wunsch eine Diagrammansicht.

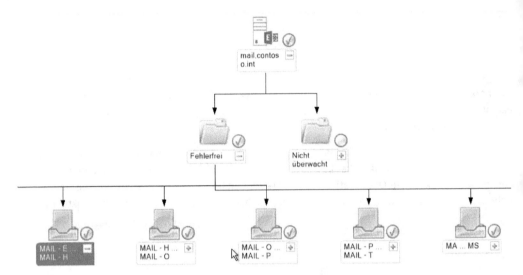

Über das Kontextmenü des Servers können Sie auch die Warnungen und Alarme in einem neuen Fenster anzeigen lassen.

Microsoft stellt für SQL-Server ebenfalls Management Packs zur Verfügung. Laden Sie sich dazu aus dem Microsoft-Download-Center die Installationsdatei des Management Packs. Lassen Sie diese Installationsdatei extrahieren.

Management Packs importieren

Laden Sie die ausgewählten Management Packs herunter und importieren Sie sie.

Name	Version	Status
Microsoft SQL Server 2014 (Disco...	6.5.4.0	Importiert
Microsoft SQL Server 2014 Alway...	6.5.4.0	Importiert
Microsoft SQL Server 2014 Alway...	6.5.4.0	Importiert
Microsoft SQL Server Generic Pre...	6.5.4.0	Importiert
Microsoft SQL Server 2014 (Views)	6.5.4.0	Import wird a...
Microsoft SQL Server 2014 Alway...	6.5.4.0	
Microsoft SQL Server 2014 Integr...	6.5.4.0	
Microsoft SQL Server 2014 Integr...	6.5.4.0	
Microsoft SQL Server 2014 Integr...	6.5.4.0	

Danach öffnen Sie in der SCOM-Verwaltungskonsole den Bereich *Verwaltung\Management Packs*. Über das Kontextmenü können Sie die MP-Dateien importieren. Erscheint ein Fehler, klicken Sie auf den Link *Fehler*.

Häufig werden Fehler durch fehlende Voraussetzungen verursacht. Diese können Sie über den Assistenten aber relativ leicht installieren lasssen. Sobald die Management Pack-Dateien einen fehlerfreien Status anzeigen, können Sie das Management Pack installieren.

Nachdem das Management Pack installiert ist, finden Sie auch für SQL einen eigenen Menüpunkt im Bereich der *Überwachung*. Sie können an dieser Stelle auch alle Datenbanken aller angebundenen Datenbank-Server überwachen.

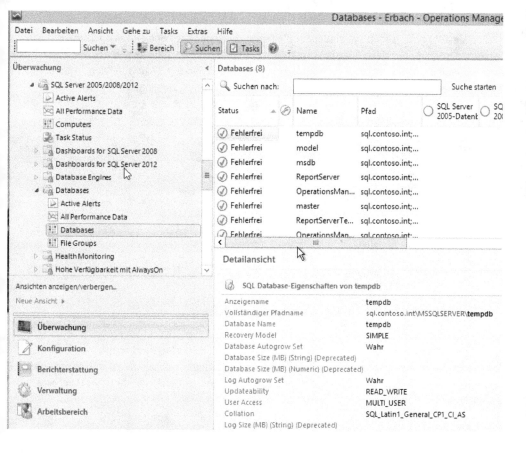

Auch die Serversortierung können Sie an dieser Stelle anzeigen lassen sowie die Alarme der SQL-Server. Einstellungen sind nicht notwendig, die Installation des Agenten auf dem SQL-Server und die Installation des Management Packs auf dem SCOM-Server reicht zunächst aus.

Im Bereich der *Überwachung* finden Sie für Exchange auch den Menüpunkt *Active Alerts*. Hier sehen Sie alle Meldungen für alle überwachten Exchange-Server und -Dienste.

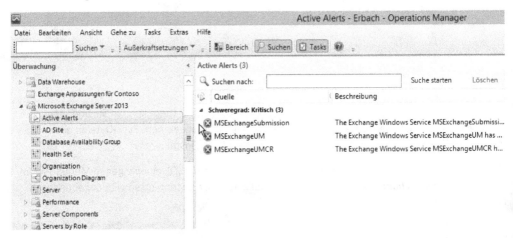

Klicken Sie auf *Server*, sehen Sie wiederum alle Fehler, getrennt nach den einzelnen Exchange-Servern, die Sie überwachen. Klicken Sie mit der rechten Maustaste auf einen Fehler, haben Sie im Kontextmenü die Möglichkeit verschiedene Ansichten zu aktivieren, zum Beispiel den Integritäts-Explorer. Dieser zeigt Ihnen die Fehler als Baumstruktur an, sodass Sie schnell erkennen welche Fehler zusammenhängen. Außerdem sehen Sie an dieser Stelle auch eine genaue Beschreibung des Fehlers und mögliche Lösungen.

Neben der Wissensdatenbank, können Sie an dieser Stelle auch die Registerkarte *Statusänderungsereignisse* aufrufen. Hier sehen Sie eine chronische Zusammenfassung des Fehlers und sehen genau die Zeitpunkte wann Fehler aufgetreten sind, und sich der Status von Diensten geändert hat.

Wissensdatenbankeintrag	Statusänderungsereignisse (4)			
Zeit ▼	Von	Bis		Betriebsstatus
25.02.2015 08:25	✓	✗		Service is not running
25.02.2015 07:55	✗	✓		Service is running
24.02.2015 12:41	✓	✗		Service is not running
24.02.2015 12:01	○	✓		Service is running

Details

   Kontext:

Abgetastete Zeit:	24.02.2015 12:41:58
Objektname:	Exchange NTService
Leistungsindikatorname:	RunningState
Instanzname:	MSExchangeFrontEndTransport
Letzter abgetasteter Wert:	-1
Anzahl der Abtastungen:	3

Im Fenster können Sie die Anzeige auch anpassen und mit *Monitore filtern* genauer festlegen, welche Informationen SCOM an dieser Stelle anzeigen soll. Auf der linken Seite sehen Sie den Status aller überwachten Monitore auf den angebundenen Servern.

Über das Kontextmenü von Monitoren auf der rechten Seite, haben Sie noch die Möglichkeit einzelne Warnungen, speziell für den ausgewählten Monitor anzuzeigen.

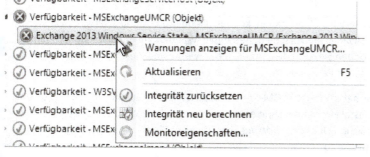

In einem neuen Fenster erhalten Sie noch mehr Informationen zum Fehler und weitere mögliche Aktionen für die Problemlösung. Auch hier können Sie über das Kontextmenü des Fehlers Aktionen durchführen und anderen Administratioren zuweisen.

Fehler, die für Sie keine Rolle spielen, können Sie im Bereich *Überwachung* der SCOM-Konsole im Kontextmenü deaktivieren.

Der ausgewählte Monitor wird deaktiviert, sodass er keine Meldungen mehr übermittelt. Das sollten Sie aber nur für Monitore konfigurieren, die Sie nicht benötigen.

Hyper-V mit SCOM überwachen

Mit SCOM haben Sie auch die Möglichkeit Ihre Hyper-V-Umgebung zu überwachen. Im Gegensatz zu VMware-Umgebungen, die wir im nächsten Abschnitt behandeln, stellt Microsoft für Hyper-V aber ein eigenes Management Pack zur Verfügung. Dieses können Sie in SCOM genauso einbinden, wie andere Management Packs auch.

Sobald Sie das Management Pack installiert haben, können Sie über das Menü *Überwachung* im Bereich *Microsoft Windows Hyper-V* die verschiedenen Hyper-V-Funktionen überwachen. Neben allen angebundenen VMs, können Sie auch die virtuellen Netzwerke und die einzelnen Hosts überwachen. Auch die Auslastung der Server können Sie anzeigen.

Auf den Hyper-V-Hosts muss natürlich der SCOM-Agent installiert sein. Sobald Sie das Management Pack und den SCOM-Agent installiert haben, kann es einige Stunden dauern, bis alle Daten eingelesen werden. Klicken Sie auf *Hostintegritätsdashboard*, sehen Sie alle angebundenen Hyper-V-Hosts, deren Status und Hinweise zu vorhandenen Fehlern.

Auf den VMs können Sie natürlich auch den SCOM-Agent installieren, damit auch hier die installierten Serverdienste überwacht werden. Im Bereich *Ermitteltes Inventar* bei *Überwachung* der SCOM-Konsole, finden Sie die physischen, aber auch die virtuellen Computer, die an SCOM angebunden sind. Lassen Sie sich die *Diagrammansicht* einer VM über das Kontextmenü anzeigen, sehen Sie die virtuellen Festplatten, die virtuellen Netzwerkkarten und andere Ressourcen der VM.

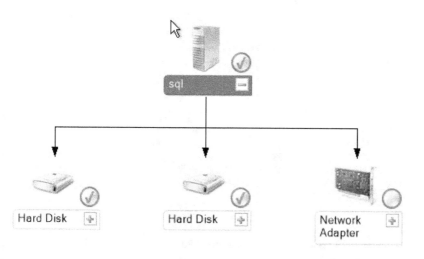

Alles was Sie dazu benötigen, ist das Hyper-V-Management auf dem SCOM-Server und den SCOM-Agenten auf den angebundenen Hyper-V-Hosts.

VMware-Umgebungen mit System Center Operations Manager 2012 R2 überwachen

Neben Microsoft-Betriebssystemen und -Servern, können Sie mit System Center Operations Manager 2012 R2 auch Linux-Systeme und andere Serverlösungen überwachen. Auch die Anbindung von VMware vSphere/ESXi-Produkten ist möglich. Allerdings ist das mit Bordmitteln nicht umsetzbar, sondern Sie brauchen ein Management Pack eines externen Herstellers.

Das bekannteste Beispiel in diesem Bereich ist Veeam. Nachfolgend gehen wir darauf ein, wie Sie das Veeam Management Pack für VMware (http://www.veeam.com/de/system-center-management-pack-vmware-hyperv.html) installieren und einrichten. Mit diesem Management Pack können Sie zusätzlich Hyper-V überwachen. Im Gegensatz zu VMware gibt es aber für Hyper-V ein Management Pack direkt von Microsoft. Das Management Pack können Sie 30 Tage kostenlos nutzen. Danach müssen Sie das Produkt lizenzieren.

Die Installation und Einrichtung funktioniert bei diesem Management Pack anders, als bei herkömmlichen Management Packs. Laden Sie zur Installation die ISO-Datei des Management Packs herunter und installieren das Management Pack.

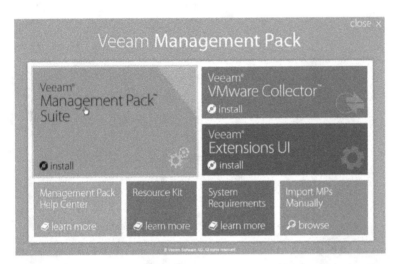

Zur Installation klicken Sie auf die Kachel „Veeam Management Pack Suite". Zusätzlich installieren Sie noch „Veeam VMware Collector" und „Veeam Extensions UI". Nach der Installation dieser Dienste machen Sie sich an die Einrichtung.

Sie können diese Dienste direkt auf dem SCOM-Server installieren oder auf einem dedizierten Server. Das macht zum Beispiel Sinn, wenn Sie noch Veeam Backup & Replication (http://www.veeam.com/de/vm-backup-recovery-replication-software.html) einsetzen. Auch dieses Produkt steht kostenlos zur Verfügung und Veeam bietet für die Überwachung von Backup & Replication ebenfallls ein kostenloses Management Pack (http://www.veeam.com/de/free-veeam-mp-system-center.html) an.

Nach der grundlegenden Installation, machen Sie sich an die Einrichtung des Management Packs. Dazu klicken Sie auf die Verknüpfung „Veeam Management Pack for System Center". Es öffnet sich eine Webseite zur Adresse http://<Servername>:4430. Auf dieser Seite binden Sie die einzelnen VMware-Server oder vCenter über Veeam an SCOM an. Die eigentliche Überwachung nehmen Sie nach der Einrichtung in der SCOM-Konsole vor, wie bei anderen Management Packs auch.

Rufen Sie die Seite direkt auf dem Server auf, erhalten Sie Fehlermeldungen, wenn Sie die Seite nicht zu den vertrauenswürdigen Internetseiten im Browser eingetragen haben. Sie finden die Einstellungen im Internet Explorer über *Internetoptionen* auf der Registerkarte *Sicherheit* im Bereich *Vertrauenswürdige Sites*. Tragen Sie hier über *Sites* die lokale Seite einfach ein.

Nach der Einrichtung können Sie über diese Seite auch Systemeinstellungen für das Management Pack anpassen. Im Gegensatz zu den meisten anderen Management Packs, verfügt das Veeam Management Pack über eine getrennte Einrichtungsseite.

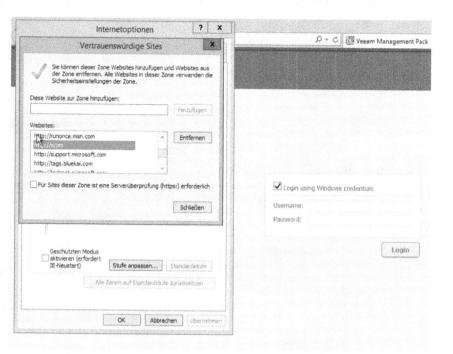

Sobald sich die Veeam-Seite öffnet, können Sie sich entweder mit dem lokalen Windows-Benutzer anmelden, oder Sie geben einen eigenen Benutzernamen und ein Kennwort ein. Nachdem Sie sich an der Webseite angemeldet haben, können Sie das Veeam Management Pack konfigurieren.

Auf der Registerkarte *Veeam Collectors* stellen Sie zunächst sicher, dass in der *Standard Monitoring Group*, oder einer speziellen Überwachungsgruppe eine Verbindung zu einem Veeam-Collector hergestellt werden kann.

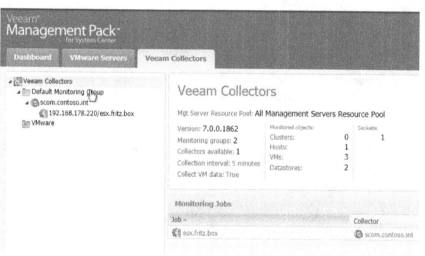

Auf der rechten Seite des Fensters finden Sie verschiedene Menüs zur Einrichtung und Konfiguration des Collectors und der Überwachungsgruppe. Auf der Registerkarte *VMware Servers* können Sie jetzt Ihre ESXi-Server oder vCenter-Server zur Überwachung anbinden.

Im Abschnitt zur Überwachung von Office 365 zeige ich Ihnen, wie Sie in der SCOM-Konsole eigene Webseiten zur Überwachung einbinden. Dazu erstellen Sie einen eigenen Arbeitsbereich und können

hier festlegen, welche Informationen angezeigt werden sollen. Binden Sie die Seite
http://<Servername>:4430 an, können Sie die Veeam-Seite in den Arbeitsbereich integrieren.

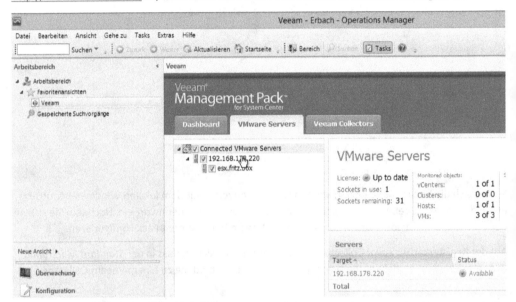

Hier sollten alle lokalen VMware-Server angezeigt werden. Über *Add VMware Server* auf der rechten Seite des Fensters, können Sie weitere ESXi-Server oder vCenter-Server anbinden. Mit *Test Connections* überprüfen Sie die Verbindung zum vCenter-Server oder anderen VMware-Servern.

Auf der Registerkarte *Dashboard* können Sie weitere VMware-Server anbinden und Hosts von der Überwachung ausschließen. Außerdem können Sie an dieser Stelle eine Hochverfügbarkeit für den Veeam-Collector einrichten. Sie sehen hier auch die Anzahl der angebundenen Hosts. Nachdem Sie alle VMware-Server angebunden und die Verbindung getestet haben, können Sie in der SCOM-Konsole die VMware-Server überwachen lassen.

Nach der Einrichtung des Management Packs für SCOM, finden Sie in der SCOM-Konsole im Bereich *Überwachung* den neuen Menüpunkt *Veeam for VMware*. Hier können Sie eine Überwachung einrichten, genauso wie bei anderen Produkten. Unterhalb des Menüpunktes finden Sie verschiedene Bereiche zur Überwachung.

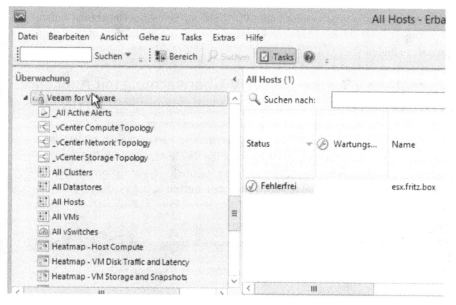

Im Bereich *All Hosts* sehen Sie alle Virtualisierungs-Hosts, die an den Veeam-Collector angebunden sind. Im Bereich *All VMs* sehen Sie die VMs aller angebundenen VMware-Hosts.

Wichtig ist noch, dass Sie im Bereich *Verwaltung* über *Profile* in der SCOM-Konsole Einstellungen vornehmen. Suchen Sie im Fenster nach „Veeam", sehen Sie einige Profile, mit denen SCOM über das Veeam Management Pack mit den Servern kommuniziert. Rufen Sie die Einstellungen der Profile auf, können Sie Einstellungen ändern. Wichtig ist, dass Sie die Anmeldenamen an vCenter oder ESXi festlegen. Mit diesen Benutzern greift SCOM auf den Veeam-Server zu. Tragen Sie den entsprechenden Benutzer ein, der Rechte hat sich mit Veeam zu verbinden.

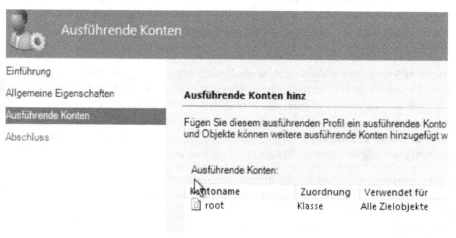

Ein wichtiger Bereich für die Überwachung ist noch über *Überwachung\Veeam for VMware_All Active Alerts* zu finden. Hier sehen Sie nicht nur Fehler der VMware-Server, sondern auch Probleme, die das Management Pack mit der Kommunikation zwischen SCOM und VMware hat.

Klicken Sie auf einen Fehler, erhalten Sie auch Hilfen zur Problembehebung. Auch der Bereich *Veeam Collector Health* ist wichtig, da Sie hier den Zustand der Verbindungs-Collectoren zwischen Veeam und SCOM überwachen können.

Zum Management Pack gehören auch verschiedene PDF-Dateien, die bei der Einrichtung helfen. Diese sollten durchgearbeitet werden, da in den PDFs viele Tricks zur Einrichtung und auch zur Hochverfügbarkeit zu finden sind.

SCOM-Alternative: VMware-/Hyper-V-Überwachung mit Appliance

Auf der Seite von VMTurbo.com (http://vmturbo.com/thx-dl-vhm-free-health-monitor) können Sie eine kostenlose virtuelle Appliances auf Linux-Basis herunterladen, mit denen sich VMware- und Hyper-V-Infrastrukturen überwachen lassen. Die jeweilige Appliance arbeitet auch mit VMware vCenter zusammen. Für die Überwachung von VMware laden Sie die Appliance als OVF-Datei herunter. Die Einbindung erfolgt über den vSphere Client mit *Datei\OVF-Vorlage bereitstellen*. Sie können natürlich diese Appliance parallel zu SCOM anbinden und mit SCOM wiederum die Appliance überwachen.

VM TURBO — Dashboards | Supply Chain | Workload | Deploy | Plan | Inventory | Admin | Search | Help

Cluster Resource Summary - PMs_Xen DataCenter\

Host Resources	Total Used	Utilization %	Peak Used	Effective Capacity	HA Capacity
CPU [GHz]	0.14	0.58	0	23.41	0
Mem [GB]	2.89	36.34	0	7.96	0

Datastore Resources	Total Used	Free	Utilization %	Capacity
Storage Amount [GB]	24.06	807.09	2.89	831.15
Storage Local [GB]	24.06	807.09	2.89	831.15
Storage Provisioned [GB]	0	1847	0	1847

VM Consumed	Total Used	Utilization %	Peak Used	VM Allocated	Allocated	Allocated %
CPU [GHz]	0.01	0.05	0	Mem [GB]	2	25.13
IOPS [IOPS]	0	0	0	VCPU/Core ratio	0.12	12.5
Latency [msec]	0	0	0	VM Density	1	NA
Mem [GB]	2	25.13	0	VMem/RAM ratio	0.25	25.13
Storage Amount [GB]	24.05	2.89	0			
Storage Provisioned	24.05	1.3	0			

Für VMware laden Sie die Appliance als OVA-Datei herunter. Die Einbindung erfolgt zum Beispiel über den vSphere Client mit *Datei\OVF-Vorlage bereitstellen*. Wählen Sie danach die OVA-Datei aus und schließen Sie den Assistenten zur Anbindung ab. Auf diesem Weg integrieren Sie auch virtuellen Appliances von Zabbix und Nagios.

Reicht die Hardware Ihres VMware-Hosts nicht für die Einstellungen der VM aus, erhalten Sie eine Fehlermeldung. Ändern Sie dann in den Einstellungen die virtuelle Hardware ab, und starten Sie die VM. Sie sehen nach dem Booten die IP-Adresse und können sich mit dem Benutzernamen *administrator* und dem Kennwort *administrator* anmelden. Das funktioniert auch über das Webinterface, welches Sie über die Adresse http://<IP-Adresse> erreichen. Im nächsten Abschnitt zur Einrichtung von Hyper-V zeigen wir Ihnen, wie Sie die IP-Adresse anpassen.

Nachdem Sie die entsprechende VM beim Hersteller heruntergeladen haben, binden Sie diese in Ihre Virtualisierungs-Infrastruktur ein. Für die Installation in Hyper-V, entpacken Sie zunächst die ZIP-Datei und kopieren das Verzeichnis auf den Hyper-V-Host. Danach starten Sie den Hyper-V-Manager oder SCVMM und wählen die Option zum Importieren einer VM. Im Hyper-V-Manager klicken Sie dazu auf *Virtuellen Computer importieren*.

Wählen Sie das Verzeichnis aus, in dem sich die Unterordner der VM befinden. Als *Importtyp* wählen Sie *Virtuellen Computer direkt registrieren* aus. Danach steht die VM bereit. Achten Sie bei den Einstellungen der VM noch auf die Anbindung an das Netzwerk und andere Einstellungen wie Arbeitsspeicher, Prozessoren und Hardware. Erst wenn die Einstellungen Ihrer Umgebung passen, sollten Sie die VM starten.

Nach dem Start lädt die VM. Die ersten Fehlermeldungen können Sie ignorieren. Geben Sie zur Anmeldung den Benutzernamen *administrator* mit dem Kennwort *administrator* an.

Nach der erfolgreichen Anmeldung sehen Sie die IP-Adresse, die durch DHCP zugewiesen wurde. Um die IP-Adresse statisch zuzuweisen, melden Sie sich mit dem Benutzernamen *ipsetup* und dem Kennwort *ipsetup* an. In einer textbasierten, grafischen Oberfläche können Sie jetzt die IP-Einstellungen anpassen. Mit der Tabulator-Taste schalten Sie zwischen den Feldern durch. Funktioniert die Anbindung an das Netzwerk nicht, entfernen Sie in der Einstellungen der VM die Netzwerkkarte und fügen Sie eine ältere Netzwerkkarte hinzu. Die Verwaltung erfolgt anschließend über die Adresse http://<IP-Adresse>.

Nachdem Sie die VM in Ihre Infrastruktur eingebunden und gestartet haben, verbinden Sie sich mit der Weboberfläche und melden sich mit dem Benutzernamen *administrator* und dem Kennwort *administrator* an.

Danach müssen Sie die Umgebung zunächst lizenzieren. Wählen Sie dazu die kostenlose Variante aus und tragen Sie die Lizenzdaten ein, die Sie per E-Mail erhalten haben. Im nächsten Schritt können Sie über *Target Configuration\Add* Ihre Virtualisierungshosts anbinden. Damit Hyper-V angebunden werden kann, müssen Sie teilweise noch einige Einstellungen ändern.

Die Anbindung von VMware ist über das vCenter wesentlich einfacher als die Anbindung von Hyper-V. In den Dokumenten, die der Anbieter zur Verfügung stellt, wird aber auch die Anbindung von Hyper-V umfangreich erläutert. Bei Problemen mit der Anbindung von Hyper-V, müssen Sie bei den beiden folgenden Registryschlüsseln dem Anwender volle Zugriffsrechte gewähren, mit dem sich VMTurbo verbinden soll:

- *HKEY_CLASSES_ROOT\CLSID\{76A64158-CB41-11D1-8B02-00600806D9B6}*
- *HKLM\Software\Classes\Wow6432Node\CLSID{76A64158-CB41-11D1-8B02-00600806D9B6}*

In der Weboberfläche finden Sie im oberen Bereich verschiedene Schaltflächen, die Informationen zur Ihrer Umgebung anzeigen können. In der kostenlosen Version sind nicht alle Funktionen freigeschaltet. Sie sehen das in einer entsprechenden Meldung. Im Bereich *Dashboard* sehen Sie zunächst eine Zusammenfassung Ihrer Infrastruktur. Im Dashboard schalten Sie auch zwischen *Virtual Machine* und *Host* an den verschiedenen Stellen um.

So überwachen Sie die Auslastung und den Status der Hosts im Netzwerk und der darauf installierten VMs. Klicken Sie eine VM an, sehen Sie den aktuellen Status dieser VM etwas genauer. Außerdem können Sie die Auslastung eines bestimmten Zeitraums messen und anzeigen lassen.

Auf der linken Seite finden Sie eine weitere Schaltfläche *Dashboards*. Hier können Sie verschiedene Daten zur Überwachung abrufen, zum Beispiel *Assure Service Performance*. Hier sehen Sie auf einen Blick, ob die Hosts im Netzwerk genügend Leistung bieten, oder einzelne VMs nicht mehr effizient arbeiten können, weil der Host nicht genügend Leistung hat. Außerdem können Sie hier eigene Dashboards anlegen, doch dazu später mehr.

Mit *Improve Overall Efficiency* lassen Sie sich die Daten und Auslastung aller Hosts und deren VMs anzeigen. Auch Cluster lassen sich auf diesem Weg messen. Dazu gibt es im Bereich *Dashboards* die beiden Menüpunkt *Cluster Capacity* und *Project Cluster Resources*. Die einzelnen Fenster können Sie über die Schaltflächen auch minimieren und maximieren, sodass Sie nur die Infos detailliert überwachen, die Sie aktuell interessieren. Das Ganze lässt sich auch in Tabellenform anzeigen.

Über *Supply Chain* können Sie Abhängigkeiten konfigurieren, also welche VMs und Abteilungen im Unternehmen voneinander abhängen und gemeinsam überwacht werden müssen. Sie sehen auf einen Blick ob VMs, einzelne Hosts oder das ganze Rechenzentrum funktionieren. Klicken Sie auf ein Schaubild, erhalten Sie weitere Informationen zur aktuellen Auslastung.

Bezüglich der Überwachung spielt auch die Schaltfläche *Inventory* eine wichtige Rolle. Hier sehen Sie auf einen Blick alle VMs, Hosts, Speicher und deren Verfügbarkeit. Wie bei allen Menüs, können Sie über die entsprechende Schaltfläche am linken Rand die Anzeige filtern und die Bereiche so hervorheben, wie Sie es aktuell haben wollen. Klicken Sie sich durch die einzelnen Bereiche durch, werden die Schaubilder auch dem entsprechend aktualisiert.

Über die Schaltfläche *Reports* erstellen Sie umfangreiche Berichte Ihrer Umgebung. Diese können Sie auch als PDF-Datei speichern lassen. Die Erstellung eines Berichtes ist im Grunde genommen recht einfach:

1. Sie wählen auf der linken Seite aus welchen Bericht Sie erstellen wollen.
2. Sie klicken auf *Generate Now*.
3. Wählen Sie das Format aus, indem der Bericht erstellt werden soll.
4. Klicken Sie auf *Scope* und wählen Sie aus auf welcher Basis Sie den Bericht erstellen wollen.
5. Klicken Sie danach auf *Generate*.
6. Anschließend wird der Bericht im Browser angezeigt. Achten Sie aber darauf, dass der Browser den Bericht durch seinen PopUp-Blocker nicht unterdrückt.

Sie können in der Weboberfläche von VMTurbo aber auch Berichte auf Basis der aktuell ausgewählten Daten erstellen. Dazu rufen Sie Ihr Dashboard oder die entsprechende Ansicht im Bereich *Dashboards* auf und klicken auf *Dashboards*. Wählen Sie dann das Icon zum Erstellen des Berichtes oben rechts aus. Anschließend können Sie eine PDF-Datei mit den aktuellen Daten erstellen lassen.

Im unteren Bereich des Webbrowser sehen Sie Informationen zur Systemüberwachung. Klicken Sie auf eines der Felder, zum Beispiel für die Warnungen, öffnet sich ein Detailfenster. Hier sehen Sie was nicht funktioniert, woher der Fehler kam, und welcher Host betroffen ist. Die Weboberfläche lässt sich vielfältig anpassen. Sie können nicht benötigte Schaltflächen am oberen Rand einfach entfernen oder per Drag & Drop an den gewünschten Ort ziehen.

Über den Bereich *Dashboards* und der Auswahl von *Dashboards* können Sie eigene Fenster und Scopes zusammenstellen, die Sie überwachen wollen. Klicken Sie auf das Icon zum Erstellen eines angepassten Dashboards, öffnet sich ein neues Fenster, auf dem Sie gezielt das zusammenstellen können, was Sie benötigen.

Speichern Sie das Dashboard ab, erscheint es über *Dashboars\Dashboards\My Dashboards*. Klicken Sie Ihre Auswahl an, werden die ausgewählten Fenster angezeigt. Auf diesem Weg können Sie also mehrere Dashboards erstellen und genau die Bereiche zur Überwachung aufnehmen, die Sie benötigen.

SCOM-Alternative 2 - Zabbix – Überwachung mit Live-CD, Appliance oder per Installation

Eine mächtige Alternative, mit weitaus mehr Möglichkeiten, aber auch mit mehr notwendiger Konfiguration, finden Administratoren in der Opensource-Monitoring-Lösung Zabbix. Die Monitoring-Lösung lässt sich als Live-CD, als Installations-Paket und als Appliance für VMWare, Hyper-V, Azure und viele andere Hypervisoren herunterladen.

Alle aktuelle Versionen und Editionen sind auf der Seite http://www.zabbix.com/download.php zu finden. Das Produkt ist auch hervorragend dazu geeignet virtuelle Infrastrukturen zu überwachen, da viele Komponenten direkt auf VMs abzielen.

Nachdem Sie die virtuelle Linux-Maschine gestartet haben, melden Sie sich an der Konsole mit dem Benutzernamen *root* und dem Kennwort *zabbix* an (Achtung englische Tastatur, z und y sind vertauscht). Hier erfahren Sie jetzt die IP-Adresse, die der Appliance zugewiesen wurde. Die Weboberfläche erreichen Sie mit der Adresse http://<IP-Adresse>/zabbix. Die Standard-Anmeldedaten sind Benutzername *Admin* und Kennwort *zabbix*.

Um neue Hosts zur Überwachung anzubinden, klicken Sie auf *Configuration\Hosts* und wählen dann oben rechts die Option *Create host*. Hier können Sie jetzt Ihre Virtualisierungs-Hosts auswählen. Sie müssen einen Namen für die Anzeige auswählen und den Server gleich einer Hostgruppe zuordnen. Diese können Sie aber auch im Fenster gleich selbst erstellen.

Haben Sie alle Daten eingegeben, wird der Host mit *Add* an Zabbix angebunden. Klicken Sie bei *Configuration\Hosts* auf den Link des Hosts, öffnet sich dessen Ansicht. Hier wählen Sie jetzt im oberen Bereich aus, was Sie auf dem Host überwachen wollen. Sie haben hier die Möglichkeit direkt auf VMware-Funktionen zuzugreifen. Klicken Sie Zum Beispiel auf *Items* und dann auf *Create Item* oben rechts, können Sie eine neue Regel erstellen, die VMs auf VMware-Hosts automatisch anbindet.

Geben Sie der Regel einen Namen, zum Beispiel *VM-Discovery,* und wählen Sie bei *Typ* die Option *Simple Check*. Bei *Key* können Sie jetzt über *Select* verschiedene Informationen aus VMware auslesen lassen.

Ein wichtiger Punkt in diesem Bereich sind auch die Trigger, die Sie für einzelne Hosts festlegen. Die Items sammeln nur Daten der verschiedenen angebundenen Server. Trigger werten die Daten aus und setzen den Server auf einen bestimmten Status. Auf Basis des Status wird dann wiederum eine Aktion ausgelöst.

Mehr zur ausführlichen Überwachung von VMs finden Sie in der Hilfe zur Einrichtung von Zabbix auf der Seite https://www.zabbix.com/documentation/2.4/manual/vm_monitoring. Über den Bereich *Monitoring\Dashboard* können Sie sich die aktuell überwachten Server, deren VMs und den Zustand der VMs anzeigen lassen.

Die Konfiguration von Zabbix ist etwas komplizierter als bei VMTurbo. Dafür erhalten Sie aber mehr Möglichkeiten zur Überwachung und können einzelne Bereiche gezielter überwachen. Generell schließen sich die beiden Linux-Appliances auch nicht aus, wenn es um die Überwachung geht. VMTurbo spielt seine Stärken vor allem im Bereich der Leistungsüberwachung und Verfügbarkeit aus, während Zabbix gezielt VMs und den Zustand der Infrastruktur überwachen kann.

Der Vorteil von Zabbix ist, dass Sie hier auch Benachrichtigungen versenden können, wenn ein überwachter Server, oder ein überwachtes Item eines überwachten Servers Probleme machen. In diesem Bereich können Sie über den Menüpunkt *Administration\Media Types* zunächst festlegen, wer bei Problemen wie informiert werden soll.

Zabbix unterstützt in diesem Bereich E-Mail, Jabber und den Versand per SMS. Klicken Sie die Media Types an und legen Sie den Namen fest, den Typ des Versandes und die Daten zur Verbindung. Sie können über diesen Weg mehrere Media Types erstellen und mehrere Administratoren auf verschiedenen Wegen erreichen, wenn in der Umgebung etwas nicht mehr funktioniert.

Sobald Sie die generellen Daten für die Verbindungen festgelegt haben, müssen Sie über *Configurations\Actions* neue Aktionen erstellen, die wiederum die Benachrichtigungen aktivieren.

Hier steuern Sie dann auch den Inhalt der E-Mail, Jabber-Nachrichten oder SMS, die der Server den Administratoren zustellt. Hier haben Sie vielfältige Steuerungsmöglichkeiten. Alle Optionen lesen Sie auf der Seite https://www.zabbix.com/documentation/2.4/manual/quickstart/notification.

PowerCLI - Daten aus VMware-Umgebungen auslesen und Berichte erstellen

Um VMware mit der PowerShell zu überwachen, müssen Sie PowerCLI 5.5 (https://my.vmware.com/web/vmware/details?productId=352&downloadGroup=PCLI550) installieren. Danach lassen sich VMware-Umgebungen auch mit der PowerShell verwalten und vor allem auch Daten auslesen. Das ist nicht nur zusammen mit SCOM sinnvoll, sondern auch wenn Sie VMware mit anderen Produkten überwachen.

Da SCOM auch über die PowerShell verwaltbar und verwendbar ist, macht es Sinn auf Administrator-Rechnern auch Power CLI zu installieren und Daten auszulesen. Für die Fehlerbehandlung ist das sehr sinnvoll. Mit *Get-VICommand* sehen Sie alle Befehle, welche über die Umgebung zur Verfügung gestellt werden.

Mit *Connect-VIServer* wird eine Verbindung zum Host oder einem vCenter-Server aufgebaut. Der Befehl *Connect-VIServer -Server <IP-Adresse> -Protocol https -User <Benutzername> -Password <Kennwort>* baut die Verbindung auf. *Get-VM* zeigt Daten von VMs an.

Im VMware-Support-Forum für PowerCLI (https://communities.vmware.com/community/vmtn/automationtools/powercli) finden Sie weitere Informationen zur PowerCLI. Der Blog der PowerCLI-Entwickler (http://blogs.vmware.com/vipowershell) bietet ebenfalls zahlreiche Informationen. Auf der Webseite PowerShell Code Repository (http://poshcode.org) finden Sie weitere Skripte, die in der PowerShell verwenden können um VMware zu verwalten oder zu überwachen.

Wollen Sie Informationen Ihrer VMs auslesen, verwenden Sie das Skript *VMware guest information* (http://poshcode.org/3129). Das Skript VMware custom attributes (http://poshcode.org/4153)zeigt noch den Ersteller der VM, das Datum der Erstellung sowie Informationen zum letzten Backup an. Außerdem können Sie diese Daten auch als Attribute direkt in den VMs speichern. Wollen Sie Daten von ESXi-Hosts auslesen, verwenden sie das Skript *VMware / Windows Admin* (http://poshcode.org/3441). Das Skript Get-VMware-Guest-Inventory (http://poshcode.org/4737) führt eine Inventur der verfügbaren VMs durch. Das Skript speichert die Daten in einer CSV-Datei.

Get-VMSnapshotInformation (http://poshcode.org/5200) zeigt Informationen zu den Snapshots der VMs an, und auch welcher Administrator die Snapshots erstellt hat. *Find Snapshots and Send Email to User/Users with* (http://communities.vmware.com/docs/DOC-6980) erfasst Snapshots und kann automatisiert E-Mails mit Informationen versenden. Das Skript *Get-VMMemory* (http://poshcode.org/4326) zeigt die prozentuale Verwendung des Speichers für virtuelle Server an.

VMware Infrastructure Power Documenter (http://communities.vmware.com/docs/DOC-6970) erstellt umfassende Berichte einer VMware-Umgebung auf Basis von Open XML.

VMware Health Check script (http://communities.vmware.com/docs/DOC-7430) erstellt Berichte zu Ihrer Umgebung und erfasst dabei auch Snapshots, Data Stores, installierte VMWare-Tools und mehr. Alle die hier genannten Skripte lassen sich auch mit SCOM verbinden und gemeinsam nutzen.

VMware-Umgebungen mobil und mit Tablets überwachen

VMware vCenter Mobile Access (VMware vCMA) (https://labs.vmware.com/flings/vcma) ist eine virtuelle Appliance, die Sie verwenden können um ein VMware-Rechenzentrum von einem mobilen Gerät, wie einem Smartphone oder Tablet zu steuern und auch zu überwachen. Die Verbindung vom Tablet nehmen Sie über den Webbrowser und die Adresse *https://<IP-Adresse des vCMA>/vim* vor. vCMA ist das notwendige Backend des vSphere-Clients für iPads (https://itunes.apple.com/de/app/vmware-vsphere-client-for/id417323354?mt=8). Die Lösung ist als Open Virtualization Format (OVF)-Datei verfügbar. In diesem Bereich spielt auch vSphere Management Assistant (vMA) (https://www.vmware.com/support/developer/vima) eine wichtige Rolle. Auch hierbei handelt es sich um eine kostenlose virtuelle Appliance. Diese enthält die Befehlszeile für VMware, sowie Perl und das vSPhere SDK. Sie können die Appliance dazu verwenden um Skripte und Agenten in vCenter auszuführen. Nachdem Sie die Appliance gestartet hat, melden Sie sich an vMA an und geben den folgenden Befehl ein:

sudo vifp addserver <IP-Adresse des Servers den Sie verwalten wollen>

Danach wird der Server angebunden und kann über die Befehlszeile des vMA verwaltet werden. Verwenden Sie dazu das Root-Kennwort des Servers. Über den gleichen Weg binden Sie weitere Server an vMA an. Alle angebundenen Server zeigt das Tool mit *vifp listservers* an.

Dell Foglight for Virtualization, Free Edition

Dell bietet mit der Freeware Dell Foglight for Virtualization (http://software.dell.com/products/foglight-for-virtualization-free-edition) die Möglichkeit virtuelle Umgebungen auf Basis von Freeware zu überwachen. Für das Tool steht auch eine Version für Hyper-V zur Verfügung. Sie müssen sich für den Download registrieren, allerdings ist es nicht notwendig echte Daten einzugeben.

Sie können mit dem Tool recht umfassend Informationen zum Zustand der virtuellen Server und Hosts abrufen. Auch Probleme mit dem Speicher, sowie den Zustand und freien Speicherplatz können Sie mit dem Tool überwachen lassen und anzeigen.

Office 365 mit SCOM überwachen

SCOM kann auch Microsoft Azure und Office 365 überwachen. Dazu benötigen Sie das Management Pack für Office 365. Dieses laden Sie am einfachsten aus dem Microsoft Downloadcenter. Nachdem Sie das Management Pack heruntergeladen haben, binden Sie es ein, wie andere Management Packs. Danach müssen Sie die Verbindung zu Office 365 herstellen.

Microsoft empfiehlt für dieses Management Pack, aber auch für andere Standard-Management, dass Sie ein eigenes Management anlegen, indem Sie die Änderungen speichern, die Sie im originalen Management Pack ändern wollen. Dadurch bleibt das originale Management Pack unverändert, und Ihre Änderungen werden in einem eigenen Management Pack gespeichert.

Haben Sie Ihr eigenes Management Pack angelegt und das Standard-Management-Pack für Office 365 installiert, klicken Sie in der SCOM-Konsole auf *Verwaltung\Office365*. Klicken Sie an dieser Stelle auf *Add subscription*. Im neuen Fenster geben Sie einen beliebigen Namen ein und Anmeldedaten zu Office 365. Haben Sie die Daten korrekt eingegeben, wird das Office 365-Abonnement angebunden.

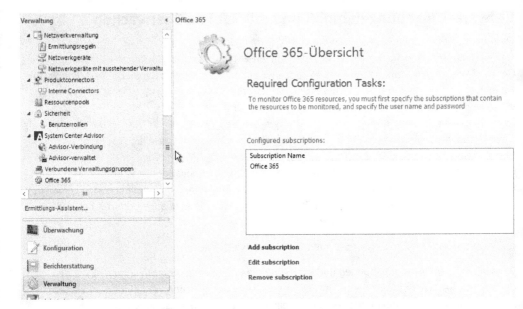

Im Bereich *Überwachung\Office 365* finden Sie alle vorhandenen Fehler und Informationen zu Office 365. Wie bei anderen Management Packs, dauert es auch hier eine Weile, bis alle Informationen angezeigt werden.

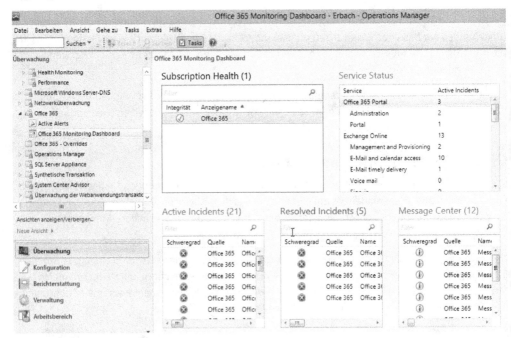

Ändern Sie Einstellungen in diesem Management Pack, speichern Sie diese aber nicht im originalen Management Pack, sondern in dem von Ihnen erstellten Management Pack. Genauso gehen Sie bei anderen Management Packs vor, zum Beispiel für Exchange.

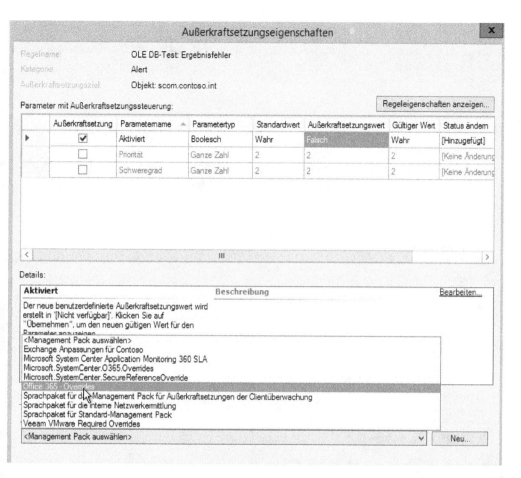

Eigene Arbeitsbereiche erstellen - Das Office 365 Nachrichtencenter nutzen

In SCOM haben Sie auch die Möglichkeit eigene Arbeitsbereiche zu erstellen. Sinnvoll ist das zum Beispiel, wenn Sie sich eine eigene Oberfläche erstellen wollen, die nur die Informationen und Serverdienste anzeigt, die Sie auch benötigen.

Sie können auf diesem Weg auch das Office 365-Nachrichtencenter mit aktuellen Meldungen zu Office 365 an SCOM anbinden. Dazu erstellen Sie im Bereich *Arbeitsbereiche\Favoriten* mit *Neu\Webseitenansicht* eine neue Verbindung zu einer Webseite. Als Zielwebseite verwenden Sie am Beispiel von Office 365 die Adresse:

https://portal.office.com/MessageCenter/MessageCenter.aspx

Danach wird das Nachrichtencenter in SCOM angezeigt.

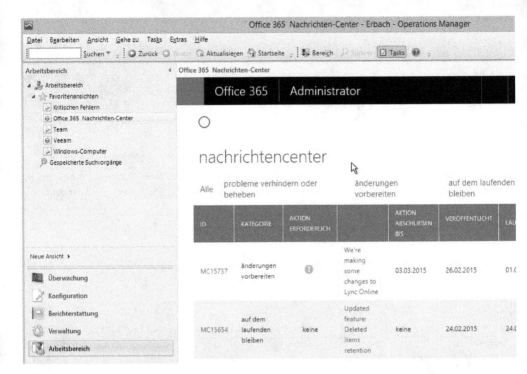

Außer Webansichten können Sie natürlich auch andere eigene Ansichten erstellen. Über *Neu* stehen noch mehr Optionen zur Verfügung.

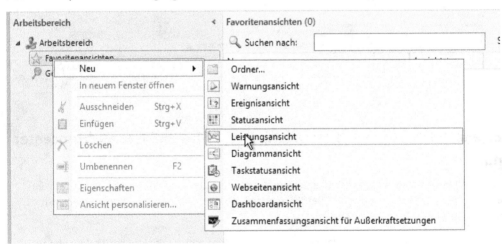

Erstellen Sie zum Beispiel eine neue Statusansicht, können Sie gezielt benutzerdefinierte Serverdienste überwachen lassen. In einem neuen Fenster konfigurieren Sie dazu Filter, die festlegen welche Serverdienste und Server im Arbeitsbereich angezeigt werden. Alternativ können Sie auch alle kritischen Fehler aller Server zentral in einer Oberfläche anzeigen lassen.

Microsoft Azure mit SCOM überwachen

Um Microsoft Azure mit SCOM zu überwachen, laden Sie sich im Downloadcenter von Microsoft zunächst das Management Pack für Microsoft Azure herunter und installieren es auf dem Server. Danach können Sie über *Verwaltung\Windows Azure* eine Verbindung zu Ihrem Azure-Abo aufbauen.

Dazu klicken Sie *Add Subscription*. Im Gegensatz zu Office 365 reicht für die Überwachung von Azure aber nicht die Angabe eines Benutzernamens und eines Kennwortes aus. Sie benötigen aus dem Azure-Portal das Verwaltungszertifikat. Dieses finden Sie über *Einstellungen\Verwaltungszertifikate* im Azure-Portal.

System Center mit SCOM überwachen

Microsoft stellt auch Management Packs für die anderen System Center-Produkte in SCOM zur Verfügung. Diese installieren Sie auf dem gleichen Weg, wie andere Management Packs. Sie finden nach der Installation im Bereich der *Überwachung* die angebundenen System Center-Server, zum Beispiel System Center Configuration Manager.

Wenn Sie den SCOM-Agenten auf den angebundenen Servern installiert haben, wechseln Sie zu *Verwaltung\Verwalteter Agent*. Rufen Sie die Eigenschaften für den angebundenen System Center-Server auf. Aktivieren Sie auf der Registerkarte *Sicherheit* die Option „Diesen Agent als Proxyagent zur Ermittlung...."

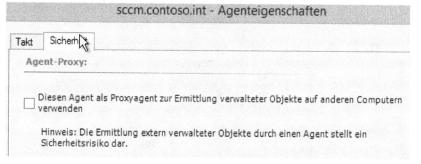

Diese Option aktivieren Sie generell bei allen überwachten Infrastrukturen, die aus mehreren Servern bestehen, zum Beispiel auch Exchange. Für System Center Configuration Manager finden Sie im Bereich der Überwachung die einzelnen Informationen zu SCCM.

Benutzerrollen in SCOM verwalten

Über *Verwaltung\Sicherheit\Benutzerrollen*, können Sie die Rechte von Administratoren im SCOM-Netzwerk delegieren. Hier sehen Sie bereits zahlreiche Standard-Gruppen, deren Einstellungen Sie an dieser Stelle anpassen können. Sie haben hier aber auch die Möglichkeit eigene Benutzerrollen anzulegen und Gruppen aus dem Active Directory zuzuweisen.

Mit den Rechten steuern Sie zum Beispiel welche Administratoren Warnungen anzeigen dürfen, für welche Server sie zuständig sind und mehr. Auch das Ändern des Status von Warnungen können Sie über die Benutzerrollen steuern.

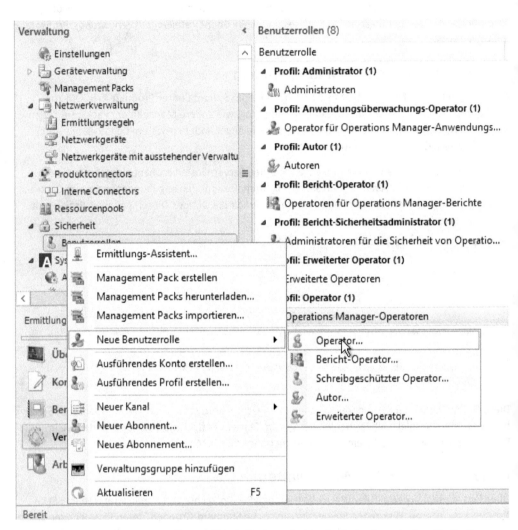

Sobald Sie eine neue Benutzerrolle angelegt haben, erscheint ein Assistent, mit dem Sie festlegen welche Benutzerkonten Mitglied sind und welche Rechte die Benutzer haben. Im Assistenten legen Sie auch fest welche Server mit der neuen Rollengruppe verwaltet werden darf.

Allgemeine Eigenschaften

Gruppenbereich

Tasks

Dashboards und Ansichten

Zusammenfassung

Gruppen genehmigen

Mitglieder dieser Benutzerrolle können Objekte in genehmigten Gruppen überwachen.

Gruppen: 🔲 Gruppenmitglieder anzei

- ☐ Computergruppe "Web-URL-Watcher"
- ☐ Computergruppe der Operations Manager-Gatewayserver
- ☐ Computergruppe der Operations Manager-Verwaltungsserver
- ☐ Computergruppe des Operations Manager-Sammlungsverwaltungsservers
- ☐ Computergruppe des Operations Manager-Stammverwaltungsserver-Emulators
- ☐ Computergruppe für AD-Überwachungsclients
- ☐ Contoso
- ☐ Databases
- ☑ Exchange 2013 Client Access Servers Group
- ☑ Exchange 2013 Client Access Servers Group (Client Access Array members)
- ☑ Exchange 2013 Edge Transport Servers Group
- ☑ Exchange 2013 Mailbox Servers Group
- ☑ Exchange 2013 Mailbox Servers Group (Database Availability Group members)
- ☑ Exchange 2013 Objects Group
- ☑ Exchange 2013 Organizations Group
- ☑ Exchange 2013 Remote Monitoring Health Sets Group
- ☐ Group of all network interfaces being actively monitored
- ☐ Gruppe der ohne Agent verwalteten Computer
- ☐ Gruppe der Watcher für den Integritätsdienst der verwalteten Operations Manager-Computerclients
- ☐ IIS 8 Computer Group
- ☐ IIS 8 Server Role Instance Group
- ☐ IIS Computer Group

Natürlich dürfen Sie auch festlegen, welche Rechte die Administratoren genau auf den angebundenen Servern haben. Auch die verschiedenen Ansichten der Benutzer können Sie an dieser Stelle festlegen. Die kompletten Einstellungen werden über den Assistenten gesteuert. Die Einrichtung können Sie jederzeit anpassen.

Wartungsmodus für Server setzen

Wenn Sie einen Server in den Wartungsmodus versetzen, löst der Server keine Warnungen aus. Sinnvoll ist das, wenn Sie einen Rechner aktualisieren, Software installieren, oder Aktionen durchführen die ansonsten Warnungen auslösen. Den Wartungsmodus aktivieren Sie über das Kontextmenü von Objekten, zum Beispiel von Servern über *Überwachung\Ermitteltes Inventar*.

Wenn Sie den Wartungsmodus aktivieren, können Sie festlegen, für welche untergeordneten Objekte Sie den Modus aktivieren wollen, wie lange der Modus andauern soll und welche Objekte angehalten werden sollen. Wenn ein Server in den Wartungsmodus wurde, erhält er auch ein entsprechendes Icon in der SCOM-Konsole. Über das Kontextmenü können Sie den Wartungsmodus auch wieder beenden.

Wartungsmoduseinstellungen   **X**

Übernehmen für

○ Nur ausgewählte Objekte

◉ Ausgewählte Objekte und alle darin enthaltenen Objekte

Kategorie   ☐ Geplant

| Anderer Grund (nicht geplant)   ⌄ |

Kommentar

Dauer

◉ Anzahl der Minuten: 30   ⌃⌄   (mindestens 5 Minuten)

○ Genaue Endzeit: Freitag   , 27. Februar 2015 10:57:45   ▦▾

Diese Funktionen wurden für Objekte im Wartungsmodus vorübergehend angehalten:

- Regeln und Monitore
- Benachrichtigungen
- Automatische Antworten
- Statusänderungen
- Neue Warnungen

                                                  OK   Abbrechen

Impressum

Thomas Joos

Hof Erbach 1

74206 Bad Wimpfen

E-Mail: thomas.joos@live.de

Verantwortlich für den Inhalt (gem. § 55 Abs. 2 RStV):

Thomas Joos, Hof Erbach 1, 74206 Bad Wimpfen

Disclaimer - rechtliche Hinweise

§ 1 Haftungsbeschränkung

Die Inhalte diesem Buch werden mit größtmöglicher Sorgfalt erstellt. Der Anbieter übernimmt jedoch keine Gewähr für die Richtigkeit, Vollständigkeit und Aktualität der bereitgestellten Inhalte. Die Nutzung der Inhalte des Buches erfolgt auf eigene Gefahr des Nutzers. Namentlich gekennzeichnete Beiträge geben die Meinung des jeweiligen Autors und nicht immer die Meinung des Anbieters wieder. Mit der reinen Nutzung des Buches des Anbieters kommt keinerlei Vertragsverhältnis zwischen dem Nutzer und dem Anbieter zustande.

§ 2 Externe Links

Dieses Buch enthält Verknüpfungen zu Websites Dritter ("externe Links"). Dieses Buchs unterliegen der Haftung der jeweiligen Betreiber. Der Anbieter hat bei der erstmaligen Verknüpfung der externen Links die fremden Inhalte daraufhin überprüft, ob etwaige Rechtsverstöße bestehen. Zu dem Zeitpunkt waren keine Rechtsverstöße ersichtlich. Der Anbieter hat keinerlei Einfluss auf die aktuelle und zukünftige Gestaltung und auf die Inhalte der verknüpften Seiten. Das Setzen von externen Links bedeutet nicht, dass sich der Anbieter die hinter dem Verweis oder Link liegenden Inhalte zu Eigen macht. Eine ständige Kontrolle der externen Links ist für den Anbieter ohne konkrete Hinweise auf Rechtsverstöße nicht zumutbar. Bei Kenntnis von Rechtsverstößen werden jedoch derartige externe Links unverzüglich gelöscht.

§ 3 Urheber- und Leistungsschutzrechte

Die auf diesem Buch veröffentlichten Inhalte unterliegen dem deutschen Urheber- und Leistungsschutzrecht. Jede vom deutschen Urheber- und Leistungsschutzrecht nicht zugelassene Verwertung bedarf der vorherigen schriftlichen Zustimmung des Anbieters oder jeweiligen Rechteinhabers. Dies gilt insbesondere für Vervielfältigung, Bearbeitung, Übersetzung, Einspeicherung, Verarbeitung bzw. Wiedergabe von Inhalten in Datenbanken oder anderen elektronischen Medien und Systemen. Inhalte und Rechte Dritter sind dabei als solche gekennzeichnet. Die unerlaubte Vervielfältigung oder Weitergabe einzelner Inhalte oder kompletter Seiten ist nicht gestattet und strafbar. Lediglich die Herstellung von Kopien und Downloads für den persönlichen, privaten und nicht kommerziellen Gebrauch ist erlaubt.

Die Darstellung diesem Buch in fremden Frames ist nur mit schriftlicher Erlaubnis zulässig.

§ 4 Besondere Nutzungsbedingungen

Soweit besondere Bedingungen für einzelne Nutzungen diesem Buch von den vorgenannten Paragraphen abweichen, wird an entsprechender Stelle ausdrücklich darauf hingewiesen. In diesem Falle gelten im jeweiligen Einzelfall die besonderen Nutzungsbedingungen.

Quelle: Impressum erstellt mit Juraforum.